ステップアップノート30

古典文法基礎ドリル

井上 摩梨・河内さやか・武田 博幸・鞆森 祥悟・山崎 瑛二・弓丘はづき
共著

河合出版

❖はじめに

「受験古文」といえば、「つまらない」「めんどくさい」「ただの暗記もの」……という暗くおもーいイメージが、まず頭に浮かびます。本来は、「古文」といっても所詮は日本語なのだし、それほど難しく考えなくてもなんとなく読めるはずです。まして「古文」には、「愛」だの「恋」だのといった、受験生諸君が最も興味を持ち、敏感に反応しそうな内容がたくさん登場するというのに、どうしてそんなに嫌われてしまうのでしょう。古典文学を素材とした漫画やゲームが人気を博し、安倍晴明がもてはやされるというのに、どうして「古文」が読んでもらえないのでしょう。これはひとえに「古典文法」、特にあの「助動詞」のせいではないかと思うのです。ストーリーをとらえ、味わうことについて、「古文」のおもしろみを否定することはできません。それでなければ、『源氏物語』や『枕草子』が、千年もの年月を経て、現在まで残っているはずがないではありませんか。それなのに、これがいったん「受験」という冠をかぶせられ、「受験古文」と呼ばれるものになると、突然、「文法・語法」やら「単語」やらの比重が大きくなって、その厚い壁に阻(はば)まれて、「古文」そのもののおもしろさが見えなくなってしまうのです。

それではあまりにもったいない、なんとか「古文」を好きになってもらいたいと、私たち講師はつねづね考えているのですが、なかなかよい方法が見つかりません。一つの方法としては、「古典文法」などは完全に無視して、どんどん「古文」の文章を読んでいくというのがあります。これは、必ず効果が期待できますが、まず第一に大変な時間と労力を要します。そのうえ、大学入試に対応しているとはいえず、即得点には結びつきません。「古文」のおもしろさを分かってほしいとはいっても、結局のところ受験生の目標は大学合格なのですから、それをないがしろにするわけにはいかないのです。もう一つの方法としては、手っ取り早く「文法力」を身につけてしまうというやり方です。「古典文法」の細部にまでこだわって、「動詞」を勉強しただけでイヤになってしまうのではなく、さらっと全体をまず見通して、より高度な内容については、文章を読みこなす中で修得していくという方法です。これならそれほどとっつきにくくもないし、入試の実態にも適(かな)っていて、短期間に集中的に学習することも可能なのではないでしょうか。文章そのもののおもしろさを味わうことはできないけれど、文法だけに着目するのも、一種のパズル的なおもしろみがあると思います。

そういった視点で、私たちはこの『ステップアップノート30　～古典文法基礎ドリル～』を作成しました。むろん、文章が読みこなせなければ入試問題は解けませんが、読解への入門・これまで学習した文法事項の整理として、こうしたドリル形式の問題集を解いてみることは、決して無駄ではないはずです。本書をやり終えて、よりいっそう読解力を身につけたい人は、『マーク式基礎問題集』・『中堅私大古文演習』・『得点奪取古文』（いずれも小社刊）へとステップアップしていって下さい。この問題集を解き終える頃には、「なーんだ、古典文法なんてたいしたことないじゃん」と思えるようになっていてくれるよう願っています。

平成八年八月八日

❖四訂版発行のごあいさつ

本書が刊行されてから、ずいぶん長い時間が経ちました。平成が令和になり、センター試験が共通テストになって、学習指導要領も改編を繰り返し、受験科目から古文がなくなってしまった大学も少なくありません。「どの問題集もむずかしすぎる！　もっとわかりやすいものを作りたい」とみんなで練り上げた本書も、今では文法問題集の「古典」になりつつあります。(^^;)　時代とともに、受験生の古文ニガテ病はますます重症化し、授業中も、まるで宇宙語を聞いているような顔をしている受講生が増えています。そこで、設問を見直し、例文を差し替えたり注を付けたりして、少しでもわかりにくさを軽減しようと、改訂を行うこととしました。これまでの基本的な姿勢は崩さず、これまで以上に受験生の身近な存在としてお役に立てるよう、工夫したつもりです。『ステップアップノート30　～古典文法トレーニング～』とともに、ボロボロになるまで使いこなしていただけたら幸いです。

令和六年六月六日　著者一同

❖本書の使い方

本書は、ポイント 基本ドリル 練習ドリル から成っています。

1 まず、ポイント をじっくり読んで下さい。
ここには、古典文法を勉強するうえで、どうしても知っておかなければならないことが書かれています。「とにかくこれだけは理解してほしい」と私たちが切実に考えていることしか書いてありません。
また、授業中や、答案の添削をしている中で気づいた、受験生がつまずきがちな部分に（チュウちゃんマーク）をつけて注意しておきました。ちょっと気にとめて見て下さい。

2 次に ポイント の下にある 基本ドリル を解いて下さい。
これは、ポイント の内容を理解するためのもので、これを解くことによって、「ふーん、そういうことか」と納得してほしいのです。
解答は、練習ドリル の最後に付けてあります。

3 そして、次のページにある 練習ドリル に進みます。
練習ドリル は、基本ドリル プラスα（アルファ）のレベルの設問から、入試レベルの設問までいろいろです。同じようなタイプの設問が重なっている場合は、繰り返し学習してほしい内容です。少々手強（てごわ）い問題もあるでしょうが、とりあえず自力で解いてみることが大切です。不可解なところがあったら、すぐに ポイント に帰る癖をつけましょう。

4 仕上げは答え合わせです。
一講解き終わるごとに答え合わせをしてください。練習ドリル の解答は、目移りすることを避けるために、設問はそのままで、答えと解説を加えた形になっています。解説を読んで理解し、ここで完全に ポイント の内容を定着させて下さい。

一度目のチャレンジでどのぐらいできたのかを、各講のタイトルの下にある「⊘お月様マーク」にチェックしておきましょう。

簡単にできた ⇩ ●
なんとかできた ⇩ ◐
ほとんどギブアップ ⇩ ◔

自分でつけたチェックにしたがって、二度目のやり方を考えましょう。

● なら、ポイント と 練習ドリル をさっと見直すだけでOK。
◐ なら、少し時間をかけて 練習ドリル を解き直す。
◔ なら、もう一度 ポイント ⇩ 基本ドリル からやり直し。

3～4の繰り返しで、基本的な文法力は、十分身に付くはずです。自分の苦手なところにチェックを入れておいて、その部分を特に繰り返して学習するのも効果的です。志望校合格を目指して、着実に実力を養成していきましょう。途中で放り出さずに、最後までがんばってくれることを、講師一同、心から応援しています。

もくじ

1 古典文法 事始メ（コトハジメ）

◆種々の語の活用形を理解する。
◆係り結びの基本を学習する。

ポイントA

品詞の中で活用するのは、「**動詞・形容詞・形容動詞・助動詞**」であり、これらを**活用語**という。

「**活用する**」とは、同じ語が形を変えることで、例えば、「書く」は、「書かず」「書きて」「書く時」などとさまざまな形で用いられる。形の変わらない部分を「語幹（ごかん）」、変わる部分を「活用語尾」という。

ポイントB

活用形には、未然形・連用形・終止形・連体形・已然（いぜん）形・命令形があり、六種類の活用形は下につく語によって決まる。

	下につく主な語 基本	助動詞	助詞
未然形		ず・む・す・さす・る・らる	ば・で
連用形	用言	たり・けり・き・つ・ぬ	て
終止形	。(句点)	べし	と
連体形	体言		に・を
已然形		り	ど・ども・ば
命令形	。(句点)		

※動詞・形容詞・形容動詞を**用言**、名詞を**体言**という。

基本ドリル

A 次の例文中の活用する語七つに傍線を引け。

いまは昔、竹取の翁（おきな）といふものありけり。野山にまじりて竹を取りつつよろづのことに使ひけり。

B 次の例文の「書く」の活用形を、下の語に注意しながら答えよ。

① **書く**。
② **書か**ず。
③ **書け**ども、
④ **書く**人。
⑤ **書き**たり。

①	②	③	④	⑤
形	形	形	形	形

練習ドリル

解答・解説は別冊2ページから

1 次の傍線部の活用形を答えよ。（例文はすべて有名作品の冒頭である）

① いづれの御時（おほんとき）にか、女御（にようご）、更衣（かうい）、あまたさぶらひ給（たま）ひける中に、

② 春はあけぼの、やうやう白くなりゆく山ぎは、すこし明（あ）かりて、

③ ゆく河の流れは絶えずして、しかももとの水にあらず。

④ つれづれなるままに、ひぐらし硯（すずり）にむかひて、

⑤ 祇園精舎（ぎをんしやうじや）の鐘の音（こゑ）、諸行無常（しよぎやうむじやう）の響きあり。

①	②	③	④	⑤
形	形	形	形	形

2 次の□の中の動詞を、適当に活用させて答えよ。

① 昔、太郎入道（にふだう）と［いふ］ものありけり。

② あやしとは［思ふ］つ。

③ 児（ちご）ども多く［見ゆ］けり。

④ 一首の歌を［詠む］て、宿の柱にぞ書かれける。

⑤ 幾年（いくとせ）過ぐれども［忘る］ず。

3 次の傍線部の活用形を、それぞれ後から選べ。

① 恐ろしく（a）て寝（い）も寝（ね）られず。

② なほ寝（ね）（b）で、久しう弾かむ。

③ 名は聞き（c）しかども、忘れ侍（はべ）り。

④ いと大きなる（d）木立ち たり（e）。

イ 未然形　ロ 連用形　ハ 終止形

ニ 連体形　ホ 已然形　へ 命令形

①	②	③	④	⑤

a	b	c	d	e

基本ドリルの解答

Ⓐ いふ・あり・けり・まじり・取り・使ひ・けり

Ⓑ ①終止　②未然　③已然　④連体　⑤連用

ポイントC

文末の語の活用形は、**係り結びの法則**によっても決まる。

〜｛**ぞ**／**なむ**／**や**／**か**｝〜 連体形。

〜**こそ**〜 已然形。

ポイントD

係助詞「ぞ」「なむ」「こそ」は強意を表しており、訳す必要はない。

係助詞を取り払って、文末を終止形に戻してから訳を考える。

〔例〕花 **こそ** 咲け。→ 花［　　］咲く。→（訳）花が咲く。

ポイントE

係助詞「や」「か」が文中にあるときは、疑問か反語で訳す。どちらで訳すかは文脈で判断する。反語とは、疑問で述べた内容を否定して強調する表現。

疑問のとき 文中の「や」「か」を取り払い、訳の文末に「**か**」をつける。

〔例〕花 や 咲く。→ 花［　　］咲く。→（訳）花が咲く**か**。

反語のとき 文中の「や」「か」を取り払い、訳の文末に「**か、いや、〜ない**」をつける。

〔例〕花 や 咲く。→ 花［　　］咲く。

→（訳）花が咲く**か**、**いや**、**咲かない**。

※ただし、｛「やは〜連体形。」／「かは〜連体形。」｝の形のときは**反語**が多い。

基本ドリル

C 次の例文の「咲く」の活用形を、係助詞に注意しながら答えよ。

① 花ぞ咲く。

② 花こそ咲け。

①	②
形	形

D 次の例文を、係り結びに注意しながら現代語訳せよ。

① 雨なむ降る。

② 雪こそ降れ。

①	②

E 次の傍線部を、係り結びに注意して現代語訳せよ。（①は二通りに訳すこと）

① 北山に、鳥や鳴く。

i	ii

② わが宿に、鳥やは鳴く。

練習ドリル

解答・解説は別冊４ページから

4 次の傍線部の活用形を答えよ。

① 酔ひたる人ぞ、過ぎにし憂さをも思ひ出でて泣くめる。

② いづれの山か天に近き。

③ 国のうちに、年老いたる翁、嫗やある。

④ その人、かたちよりは心なむまさりたりける。

⑤ 小式部内侍こそ、誰よりもいとめでたけれ。

①	②	③	④	⑤
形	形	形	形	形

5 次の傍線部を現代語訳せよ。

① 「男やある」「子やある」「いづくにか住む」など、口々問ふに、

② もののあはれは秋こそまされ。

③ その竹の中に、本光る竹なむ一筋ありける。

＊「ける」は、過去を表し、「た」と訳す。

④ この山の名を何とか申すと問ふ。

⑤ 同じ古ごとと言ひながら、知らぬ人やはある。

＊「ぬ」は打消で、「ない」と訳す。

①	②	③	④	⑤

基本ドリルの解答

C ① 連体 ② 已然

D ① 雨が降る。 ② 雪が降る。

E ① i 鳥が鳴くか。
ii 鳥が鳴くか、いや、鳴かない。
② 鳥が鳴くか、いや、鳴かない。

2 動詞（二）・音便（おんびん）

◆正格活用（四段活用・上一段活用・下一段活用・上二段活用・下二段活用）の活用のパターンを覚える。

◆動詞は、動作や存在を表す言葉で、多くはウ段の音で言い切る品詞である。

ポイントA

四段活用の活用のパターンは、「ア・イ・ウ・ウ・エ・エ」である。
（「ア・イ・ウ・エ」の四段にわたって活用するので、四段活用という。）

例語	語幹	未然形	連用形	終止形	連体形	已然形	命令形
書く	書	か	き	く	く	け	け

未然形がア段の音となるのが特徴である。

ポイントB

上一段活用の活用のパターンは、「イ・イ・イる・イる・イれ・イよ」である。
（すべて「イ」の一段で活用しているので、上一段活用という。）

例語	語幹	未然形	連用形	終止形	連体形	已然形	命令形
着る	○	き	き	きる	きる	きれ	きよ

※この活用の種類に属する語は数が少ないので主なものは覚えてしまうこと。
「着（き）る・見（み）る・似（に）る・射（い）る・居（ゐ）る（率（ゐ）る）・干（ひ）る」など。（君に良い日（キミニイヒ））

「射る」はヤ行、「居る（率る）」はワ行である。

基本ドリル

A 次の□に四段動詞「読む」を活用させて記入せよ。

① 古文を□時なり。

② 古文を□て、うれし。

B 次の例文中の上一段動詞に傍線を引け。

① 弓射ること心得たる人あり。

② 人の娘を盗みて、武蔵野（むさしの）へ率（ゐ）てゆくほどに、

③ 三寸ばかりなる人、いとうつくしうて居たり。

C 次の各文には、「蹴る」が形を変えて用いられている。その中で正しくないものをすべて選べ。

① 鞠（まり）を蹴る人。

② 鞠を蹴らず。

ポイントC

下一段活用の活用のパターンは、「エ・エ・エる・エる・エれ・エよ」である。
（すべて「エ」の一段で活用しているので、下一段活用という。）

例語	語幹	未然形	連用形	終止形	連体形	已然形	命令形
蹴る	○	け	け	ける	ける	けれ	けよ

※この活用の種類の語は「蹴る」の一語だけである。

ポイントD

上二段活用の活用のパターンは、「イ・イ・ウ・ウる・ウれ・イよ」である。
（「イ・ウ」の二段にわたって活用するので、上二段活用という。）

例語	語幹	未然形	連用形	終止形	連体形	已然形	命令形
起く	起	き	き	く	くる	くれ	きよ

※この活用の種類で、ヤ行に活用するものは、「老ゆ（お）」「悔ゆ（く）」「報ゆ（むく）」の三語しかない。

ポイントE

下二段活用の活用のパターンは、「エ・エ・ウ・ウる・ウれ・エよ」である。
（「ウ・エ」の二段にわたって活用するので、下二段活用という。）

例語	語幹	未然形	連用形	終止形	連体形	已然形	命令形
受く	受	け	け	く	くる	くれ	けよ

※この活用の種類で、ワ行に活用するものは、「植う（う）」「飢う（う）」「据う（す）」の三語しかない。
語幹のない「得（う）」「寝（ぬ）」「経（ふ）」の三語は、その活用形の読みが問われることがあるので、注意しよう。

③ 鞠を蹴る。

④ 鞠を蹴りたり。

D Ⅰ 次の口語（現代語）の動詞を文語（古語）の動詞の終止形に改めよ。

① 起きる

② 悔いる

①	②

D Ⅱ 次の□に適する平仮名一字を記入せよ。

年老□たる翁（おきな）。

E Ⅰ 次の□に動詞「受く」を活用させて記入せよ。

① 大学入試を□季節になりぬ。

② 大学入試を□む。

E Ⅱ 次の傍線部の読みを記せ。

夜も更けぬ。はや、寝べし。

ポイントF

正格活用動詞の種類の見分け方

○上一段・下一段の動詞は所属する語を覚える。
○その他の動詞は、「ず」をつけ、未然形によって判別する。
＊「書かず」のように、ア段の音から「ず」に続くものは四段活用。
　〔例〕申す・思ふ・飲む・降(ふ)る
＊「起きず」のように、イ段の音から「ず」に続くものは上二段活用。
　〔例〕過(す)ぐ・落(お)つ・恋(こ)ふ
＊「受けず」のように、エ段の音から「ず」に続くものは下二段活用。
　〔例〕逃(に)ぐ・愛(め)づ・耐(た)ふ・枯(か)る

ポイントG

音便とは、発音しやすいようにもとの音が変化することをいう。
音便は、基本的に四種類ある。

a　イ音便　書きて　→　書いて
b　ウ音便　うつくしくて　→　うつくしうて
c　撥(はつ)音便　死にて　→　死んで
d　促(そく)音便　立ちて　→　立つて
「〜んて」のときは「て」が濁音になり、「〜んで」となる。

F　次の傍線部の動詞の活用の種類を答えよ。

門(かど)を出(い)でて①隠るるまで②見るに、後手(うしろで)の③歩みたる姿、たをやかにめでたし。

①	行	活用
②	行	活用
③	行	活用

G　次の傍線部は動詞の音便(おんびん)形である。それをもとの形に直せ。

或(ある)は①転んで落ち、或はうち②折つて死ぬるもあり。

①	
②	

練習ドリル

解答・解説は別冊6ページから

1 次の傍線部の動詞の、活用の行と種類および活用形を答えよ。

① 求むれども得（う）ることなし。
② われと思はむ者は、寄り合へや。
③ これ勇士の恥づるところなり。
④「なにか射る。な射そ。な射そ」
⑤ 夜中なれば、西東（にしひんがし）も見えず。

	活用の行と種類	活用形
①	行　活用	形
②	行　活用	形
③	行　活用	形
④	行　活用	形
⑤	行　活用	形

2 次の動詞は四段と下二段の両方に活用する。それぞれの未然形を答えよ。

	四段	下二段
① 立つ		
② 頼む		

3 次の例文から動詞をすべて抜き出し、その活用の行・種類・活用形を答えよ。（解答欄の数は解答数と同じ）

① 日数（ひかず）のはやく過ぐるほどぞ、ものにも似ぬ。
② 力衰（おとろ）へて分（ぶん）を知らざれば、病（やまひ）を受く。

	動詞	行	種類	活用形
①				形
①				形
②				形
②				形
②				形

基本ドリルの解答

A ① 読む ② 読み
B ① 射る ② 率 ③ 居
C ②・④
D Ⅰ ① 起く ② 悔ゆ
D Ⅱ い
E Ⅰ ① 受くる ② 受け
E Ⅱ ぬ
F ① ラ・下二段 ② マ・上一段 ③ マ・四段
G ① 転び ② 折り

3 動詞（二）

◆変格活用（カ変・サ変・ナ変・ラ変）の活用を覚える。
◆それぞれに所属する語を覚える。

ポイントA

カ行変格活用動詞の基本は「来(く)」一語だけだが、「まうで来(く)」「持(も)て来(く)」など、複合語もある。

例語	語幹	未然形	連用形	終止形	連体形	已然形	命令形
来	○	こ	き	く	くる	くれ	こ（こよ）

「来」の字は未然形・連用形・終止形・命令形の読み方が異なるので、つねに読み方に注意すること。

ポイントB

サ行変格活用動詞の基本は「す」「おはす」の二語である。

例語	語幹	未然形	連用形	終止形	連体形	已然形	命令形
す	○	せ	し	す	する	すれ	せよ

※「奏す」「具す」など、**「漢字一字を音(おん)で読むもの」**＋**「す」**は、サ変動詞。

「申」の｛音読みは「シン」／訓読みは「もう（す）」｝である。

したがって、「申す」は「もうす」と読む（訓読み）ので、サ変動詞ではない。

※「念ず」「興ず」など、ザ行に活用するものも、サ変動詞という。

基本ドリル

A 次の例文のカ変動詞の読みを記せ。

① 春、来たり。

② 春よ、来。

③ 冬去りければ春、来。

④ 春、来ず。

①	②	③	④

B I 次の□にサ変動詞「す」を活用させて記入せよ。

蹴鞠(けまり)を□てみんと□ども、

え□ず。

ポイントC

ナ行変格活用動詞**は、**「死（し）ぬ」「往（い）ぬ（去（い）ぬ）」**の二語である。**

例語	語幹	未然形	連用形	終止形	連体形	已然形	命令形
死ぬ	死	**な**	**に**	**ぬ**	**ぬる**	**ぬれ**	**ね**

「死ぬ」はナ変動詞、「死す」はサ変動詞である。

ポイントD

ラ行変格活用動詞**は、**「あり」「居（を）り」「侍（はべ）り」「いますかり」**の四語である。**

例語	語幹	未然形	連用形	終止形	連体形	已然形	命令形
あり	あ	**ら**	**り**	**り**	**る**	**れ**	**れ**

※終止形だけが四段活用と異なる活用をする。

「居（を）り」はラ変動詞、「居（ゐ）る」はワ行上一段活用動詞である。

B II 次の中からサ変動詞をすべて選べ。

イ 隠（かく）す　ロ 念ず　ハ 臥（ふ）す

ニ 見す　ホ 具す

C I 次の例文からナ変動詞を抜き出し、その活用形を答えよ。

「水におぼれて、死なば死ね」

形	形

C II 次の□に「往ぬ」を活用させて記入せよ。

前栽（せんざい）の中にかくれゐて、河内（かはち）へ□顔にて見れば、

D 次の傍線部の活用形を答えよ。

① をかしき花ありてうれし。

② をかしき花ありと言ふ。

③ をかしき花あれと言ふ。

④ をかしき花あれども見ず。

①	②	③	④
形	形	形	形

練習ドリル

解答・解説は別冊8ページから

1 次の傍線部カ変動詞「来」の読みを記せ。

① 船に乗りて帰り来けり。

② 「いづら、猫は。こち率(ゐ)て来」

③ その夜、もしやと、思ひて待てど、また来ず。

①	②	③

2 次の□に合うように、サ変動詞「す」を活用させて答えよ。

① われかの心地□て、死ぬべくおぼさる。

② もとより友と□人、一人二人して行きけり。

③ 夜昼待ち給ふに、年越ゆるまで音も□ず。

①	②	③

3 次にあげた動詞の、活用の種類をそれぞれ記せ。

① a 来(く)　b 来(き)たる

② a 居(ゐ)る　b 居(を)り

③ a 死ぬ　b 死す

④ a す　b なす

①		②		③		④	
a	b	a	b	a	b	a	b

4 次の例文から変格活用の動詞をすべて抜き出し、その活用の行と活用形を答えよ。（解答欄の数は解答数と同じ）

① この人を具(ぐ)して去(い)にけり。

② よきに奏したまへ、啓したまへ。

③ 「北山になむ、なにがし寺といふ所に、かしこき行ひ人侍(はべ)る」

	①	
動詞		
活用の行		
活用形	形	形

5 次の例文中の動詞の音便に傍線を引き、それをもとの形に直せ。

世の中に物語といふもののあんなるを、いかで見ばや。

	動詞	活用の行	活用形
②			形
			形
③			形

6 次の傍線部の動詞の、活用の種類と活用形、およびその終止形を答えよ。

うつくしきもの。瓜（うり）にかき①たる児（ちご）の顔。雀の子の、ねず鳴き②するにをどり来る。二つ三つばかりなる児の、急ぎて這（は）ひ来（く）③る道に、いと小さき塵（ちり）のあり④けるを目ざとに見つけ⑤て、いとをかしげなる指（および）にとらへて、大人などに見せ⑥たる、いとうつくし。頭（かしら）は尼（あま）そぎなる児の、目に髪のおほへるをかきはやらで、うちかたぶきてものなど見⑦たるも、うつくし。

	活用の種類	活用形	終止形
①	行　活用	形	
②	行　活用	形	
③	行　活用	形	
④	行　活用	形	
⑤	行　活用	形	
⑥	行　活用	形	
⑦	行　活用	形	

基本ドリルの解答

A ①き ②こ ③く ④こ
B Ⅰ （順に）し・すれ・せ
B Ⅱ ロ・ホ
C Ⅰ 死な・未然
死ね・命令
C Ⅱ 往ぬる
D ①連用 ②終止 ③命令 ④已然

4 形容詞

◆形容詞の二種類の活用の仕方を覚える。
◆語幹の用法を覚える。

◆形容詞は、ものの性質や状態を表す言葉で、「〜し」で言い切る品詞である。

ポイントA

活用の種類	例語	語幹	未然形	連用形	終止形	連体形	已然形	命令形
ク活用	高し	高	（く）	く	し	き	けれ	○
			から	かり	○	かる	○	かれ
シク活用	美し	美	（しく）	しく	し	しき	しけれ	○
			しから	しかり	○	しかる	○	しかれ

※ク活用とシク活用を見分けるには、動詞「なる」をつけてみる。
① 「高**く**なる」のように「〜く」となるものは、ク活用。
［例］憂(う)し・おぼつかなし
② 「美**しく**なる」のように「〜しく」となるものは、シク活用。
［例］いやし・ゆかし

※「から・かり……」「しから・しかり……」という**カリ系列・シカリ系列**は、基本的には下に助動詞がつくときに用いる。［例］**美しかり**けり

ポイントB

覚えておきたい形容詞の語幹の用法（多くは和歌の中で用いられる）

※**「形容詞の語幹＋接尾語（み）」**の形で、**原因・理由**「〜ので」を表す。
「―（を）〜み」の形をとることが多く、「―が〜ので」と訳す。
［例］**山を高み**（**山が高いので**）

基本ドリル

AⅠ 次の□の中の形容詞を、適当に活用させて答えよ。

① ［ありがたし］御かたち人なり。
② 慣(な)らはぬ鄙(ひな)の住まひこそ、思ふも［悲し］。
③ うるはしき貝など［多し］けり。

①	②	③

AⅡ 次の傍線部の形容詞の活用形を答えよ。

① 法師ばかり<u>うらやましから</u>ぬものはあらじ。
② 初心の人、二つの矢を持つこと<u>なかれ</u>。
③ 若くて失(う)せにし、いと<u>いとほしく</u>あたらし。

①	②	③
形	形	形

練習ドリル

解答・解説は別冊12ページから

1 次の傍線部の形容詞の、活用の種類と活用形を答えよ。

① なかなかに艶（えん）にをかしき夜かな。

② 住吉の浜を行くに、いとおもしろければ、（馬から）おりゐつつ行く。

③ いみじからん心地もせず。

	活用の種類	活用形
①	活用	形
②	活用	形
③	活用	形

2 次の［　］の中の形容詞を、適当に活用させて答えよ。

［①幼し］君もいと［②うつくし］てものしたまふ。

①	②

3 次の例文中の形容詞の音便に傍線を引き、それをもとの形に直せ。

五月（さつき）のつごもりに、雪いと白う降れり。

4 次の例文から形容詞を二つ抜き出し、その終止形を答えよ。

蟻（あり）は、いとにくけれど、水の上などを、ただあゆみにあゆみありくこそをかしけれ。

形容詞	終止形

5 次の傍線部を現代語訳せよ。

空さむみ花にまがへて散る雪に少し春ある心地こそすれ

基本ドリル の解答

A Ⅰ ①ありがたき ②悲しけれ ③多かり

A Ⅱ ①未然 ②命令 ③連用

5 形容動詞

◆形容動詞の活用の仕方を覚える。

◆形容動詞は、ものの性質や状態を表す言葉で、「〜なり」や「〜たり」で言い切る品詞である。ナリ活用とタリ活用があるが、特にナリ活用が重要である。

ポイントA

活用の種類	例語	語幹	未然形	連用形	終止形	連体形	已然形	命令形
ナリ活用	静かなり	静か	なら	なり に	なり	なる	なれ	なれ

※形容動詞は、次のようにしてできた語である。

静か ＋ **に** ＋ **あり**」→「静かなり」**（ラ変型活用）**

※連用形だけは、二つの形がある。「〜なり」は助動詞が下につくときに用いられ、それ以外は「〜に」が用いられる。

※**「〜げなり」「〜やかなり」「〜らかなり」**という形の形容動詞が多い。

〔例〕をかしげなり
はなやかなり
きよらかなり

※「いかに」「さらに」「ことに」は、形容動詞の連用形としないで、副詞とするのが普通である。

※「ほんとうに」と訳す「げに」は副詞であり、形容動詞ではない。

基本ドリル

A I 次の傍線部の形容動詞の活用形を答えよ。

① あからさまに抱(いだ)きて遊ばしうつくしむ程に、

② やはらかなる瓜(うり)一つ取りて、食はんとしける時、

①	②
形	形

A II 次の□の中の形容動詞を、適当に活用させて答えよ。

① 身もくたびれ、心も［静かなり］ず。

② ［あはれなり］おぼえて、いみじうかなしくて養ふ。

③ 世の中はありがたく［むつかしげなり］ものかな。

①	②	③

練習ドリル

解答・解説は別冊14ページから

1 次の傍線部の形容動詞の活用形を答えよ。

① 優（いう）なる北の方の心なるべし。

② 夏の雨のどかに降りて、つれづれなるころ、（a：のどかに　b：つれづれなる）

③ 今更（いまさら）思ひ出でてあはれなりければ、

①	② a	② b	③
形	形	形	形

2 次の［　］の中の形容動詞を、適当に活用させて答えよ。

① 木のさま［憎げなり］ど、あふちの花いとをかし。

② 夜は、きららかに［はなやかなり］装束（さうぞく）、いとよし。

①	②

3 次の例文から形容動詞を三つ抜き出し、その活用形を答えよ。

大路（おほぢ）のさま、松立てわたして、はなやかにうれしげなるこそ、またあはれなれ。

形容動詞	活用形
	形
	形
	形

4 次の［　］の中の形容動詞を適当に活用させて、さらに全文を現代語訳せよ。

言ひ知らず［あてなり］らうたげなり。

現代語訳

基本ドリル の解答

A I　① 連用　② 連体

A II　① 静かなら　② あはれに　③ むつかしげなる

6 助動詞入門

◆助動詞は、意味・接続・活用の三つを押さえる。
（巻末の「助動詞一覧表」を参照すること）

ポイントA

助動詞は動詞・形容詞・形容動詞や他の助動詞などに付いて、その動作・状態が**過去**のことであるとか、**打ち消す**とかいった**意味**を加えるものである。

「花咲く（花が咲く）」に、助動詞を付けてみよう。

〔例〕花咲き**けり**（花が咲い**た**）。

〔例〕花咲か**ず**（花が咲か**ない**）。

ポイントB

助動詞は、その上にある語の活用形が決まっている。これを**接続**という。

〔例〕咲か（未然形）**ず**。→「ず」は**未然形**接続

〔例〕咲き（連用形）**けり**。→「けり」は**連用形**接続

助動詞の接続は一つ一つ個別に覚えるよりもまとめて覚えてしまう方が楽である。

まず、次のものを覚えよう。

○**未然形**に接続 → ず・る・らる・す・さす・む

○**連用形**に接続 → き・けり・つ・ぬ・たり

○**終止形**（**ラ変型活用語**には**連体形**）に接続 → べし・らむ・めり・なり（伝聞推定）

○**体言**・**連体形**に接続 → なり（断定）

○サ（さ）変の未（み）然形・四（し）段の已（い）然形（命令形）に接続 → り

基本ドリル

A 次の例文を、助動詞に注意して現代語訳せよ。

① 鳥鳴きけり。

② 鳥鳴かず。

①	
②	

B 次の□に合うように、「舞ふ」を活用させて記入せよ。

① 風□けり。

② 風□ず。

③ 風□り。

④ 風□時。

ポイントC

助動詞も動詞などと同様に活用するので、下につく語によって形が変わる。

〔例〕花咲か**ず**（花が咲かない）。

〔例〕花咲か**ぬ**とき（花が咲かないとき）。

※「ぬ」も打消の助動詞「ず」の活用したものである。

助動詞の活用の型は動詞や形容詞などの活用と同じ型のものが多い。

例語	未然形	連用形	終止形	連体形	已然形	命令形	活用型
死ぬ	な	に	ぬ	ぬる	ぬれ	ね	動詞ナ行変格活用
ぬ	な	に	ぬ	ぬる	ぬれ	ね	ナ変型

例語	未然形	連用形	終止形	連体形	已然形	命令形	活用型
高し	（く） から	く かり	し ○	き かる	けれ ○	○ かれ	ク活用
べし	（べく） べから	べく べかり	べし ○	べき べかる	べけれ ○	○ べかれ	形容詞型

※命令形の「べかれ」は実際は用いられないが、活用型を覚えるときには入れておいた方が便利である。（「まじ」「まほし」も同様にして覚えよう）

単独で覚えなければならない特殊型のものもある。

例語	未然形	連用形	終止形	連体形	已然形	命令形	活用型
き	（せ）	○	き	し	しか	○	特殊型

C Ⅰ 次の［　］に合うように、①②には助動詞「き」を、③④には助動詞「べし」を活用させて記入せよ。

① 月を見［　　］。

② 月を見［　　］人。

③ 月をこそ見る［　　］。

④ 月を見る［　　］ず。

C Ⅱ 次の各問いに答えよ。

① 下二段型活用をする「る」の活用表を完成させよ。

未然形	連用形	終止形	連体形	已然形	命令形

② ラ変型活用をする「り」の活用表を完成させよ。

未然形	連用形	終止形	連体形	已然形	命令形

練習ドリル

解答・解説は別冊16ページから

1 次の傍線部を、助動詞に注意して現代語訳せよ。

① 楽しみは三人(みたり)の児(こ)どもすくすくと大きになれる姿見る時
（「る」は完了の助動詞「り」の連体形）

② この人々の深き志は、この海にも劣らざるべし。
〔「ざる」は打消の助動詞「ず」の連体形
「べし」は推量の助動詞「べし」の終止形〕

①	②

2 次の傍線部の活用形を答えよ。

① 白き水はやく流れたり。

② 「このたびは帰りて、後(のち)に迎へに来む」

③ 「和歌の船に乗るべし」

④ （上手(じやうず)どもを）召(め)し出(い)でて射させ給ふ。

⑤ 住みなれしふるさと限りなく思ひ出でらる。

①	②	③	④	⑤
形	形	形	形	形

3 次の［　］の中の語を、適当に活用させて答えよ。

① 五十(いそぢ)の春を迎へて、家を出(い)で世を［そむく］り。

② 宇治へ［おはす］なりけり。（「おはす」はサ変・「なり」は断定）

③ 波に漂(ただよ)はされて知らぬ国に［吹き寄す］らる。

④ いみじく思(おぼ)し嘆くこと［あり］べし。

⑤ ものの音(ね)は遠きまされり烏(からす)すら遥(はる)かに聞けば［をかし］けり

⑥ めでたしと見る人の、心劣(おと)りせらるる本性(ほんしやう)見えむこそ、［口惜し］べけれ。

①	②	③	④	⑤	⑥

4 次の傍線部の助動詞の活用形を答えよ。

① この僧の顔に似てむ。

② 昨日なむ都にまうで来（き）つる。

③ 武蔵（むさし）の国に行き着きにけり。

④ 思ふ人々に後（おく）れなば、尼にもなりなむ。

①	②	③	④
形	形	形	形

5 次の［　］の中の語を、適当に活用させて答えよ。

① 船に乗り［ぬ］むとす。

② その人かたちよりは心なむまさりたり［けり］。

③ 御胸のみつとふたがりて、つゆまどろま［る］ず。

④ 宣長（のりなが）、県居（あがたゐ）の大人（うし）（＝賀茂真淵（かものまぶち））に会ひたてまつりしは、この里にひと夜宿り給へ［り］［き］折、一度のみなりき。

⑤ あやしくさまざまにもの思ふ［べし］ける身かな。

①	②	③

④	⑤

基本ドリルの解答

A ① 鳥が鳴いた　② 鳥が（は）鳴かない

B ① 舞ひ　② 舞は　③ 舞へ　④ 舞ふ

C Ⅰ ① き　② し　③ べけれ　④ べから

C Ⅱ ①

未然形	連用形	終止形	連体形	已然形	命令形
れ	れ	る	るる	るれ	れよ

②

未然形	連用形	終止形	連体形	已然形	命令形
ら	り	り	る	れ	れ

7 助動詞（二）「き」「けり」

◆「き」の活用を確認する。
◆「き」と「けり」の意味の違いを理解する。
◆「けり」の二つの意味を見分けられるようにする。

ポイントA 「き」「けり」の接続と活用

接続	基本形	未然形	連用形	終止形	連体形	已然形	命令形	活用型
連用形	き	（せ）	○	**き**	**し**	**しか**	○	特殊型
連用形	けり	（けら）	○	**けり**	**ける**	**けれ**	○	ラ変型

※過去の助動詞「き」の連体形の「し」を、他の品詞と区別すること。
〔例〕都をなむ出でし。→**過去の助動詞「き」**の連体形（「なむ」の結びで連体形）
〔例〕物語して過ぐす。→**サ変動詞「す」**の連用形（接続助詞「て」の上で連用形）
〔例〕花をしも見ず。→**副助詞**（「し」を取り払っても文意が変わらない）

※過去の助動詞「けり」の已然形「けれ」を、他の品詞と区別すること。助動詞「けり」の場合、その上が連用形になっている。
〔例〕花こそなかりけれ。→**過去の助動詞「けり」**の已然形
〔例〕花こそなけれ。→**形容詞「なし」**の已然形の一部

ポイントB 「き」「けり」の意味

「き」	「けり」
過去（〜た）〔直接経験の過去〕	過去（〜た）〔伝聞した過去〕 詠嘆（〜なあ・〜ことだ・〜ことよ）

※「けり」が**詠嘆**になるのは、言い切り（終止形・係り結びの結びの形）で
①和歌の中で使われているとき。
②**筆者や話者の感想**を表しているとき。（**会話文中**に多い）

基本ドリル

A I 次の□の中の語を、適当に活用させて答えよ。

① 小式部（こしきぶ）と呼ばれ［き］人あり。
② 人知れずこそ思ひ初（そ）め［き］
③ しもと見るにぞ身は冷えに［けり］

①	②	③

A II 次の傍線部のうち、助動詞「けり」の活用したものを選べ。

イ 花の散るこそうつくしけれ。
ロ 鳴く虫の声こそめでたかりけれ。

B 次の傍線部のうち、詠嘆の意を表すものを選べ。

イ 山里は冬ぞさびしさまさりける人目（ひとめ）も草もかれぬと思へば
ロ よろづのことに使ひけり。

練習ドリル

解答・解説は別冊20ページから

1 次の例文から過去の助動詞を抜き出せ。

① 雨のいたく降りしかば、え参らずなりにき。（二つ）

② 大納言なりける人、小侍従（こじじゅう）と聞こえし歌詠みに通はれけり。（三つ）

①	②

2 次の傍線部「し」のうち、過去の助動詞「き」を選べ。

イ 春の海に秋の木の葉しも散れるやうにぞありける。

ロ いとかなしうし給ひけり。

ハ そのままになむ居られにし。

3 次の例文の「こそ」の結びを答えよ。

① 文（ふみ）ことばなめき人こそいとにくけれ。

② 七夕（たなばた）まつるこそなまめかしけれ。

③ 白雲のかからぬ峰こそなかりけれ

4 次の傍線部の文法的意味として適当なものを、それぞれ後から選べ。

① 身はいやしながら母なむ宮なりける。

② 深山（みやま）には松の雪だに消えなくに都は野辺（のべ）の若菜摘みけり

③ 「命長きは憂（う）きことにこそありけれ」とて、「いかで御供に参りなむ」とのみ、中納言殿も帥（そち）殿も泣きたまふ。

イ 過去　ロ 詠嘆

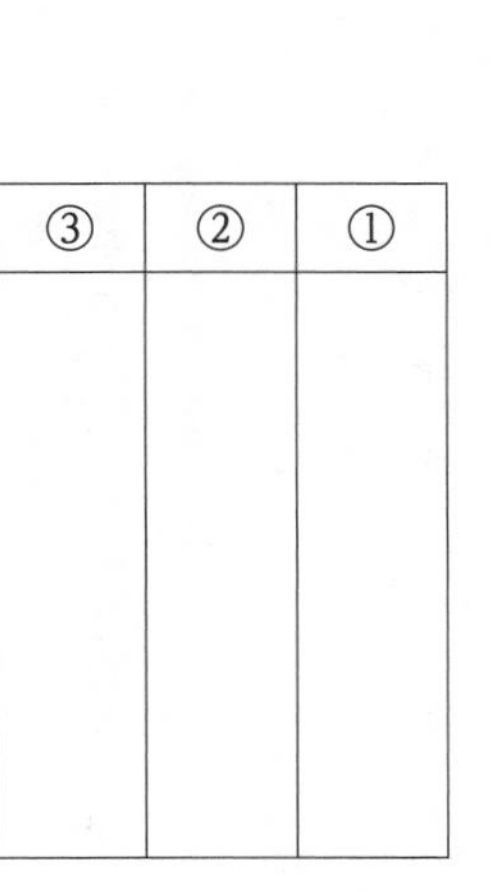

基本ドリルの解答

A I ①し ②しか ③ける

A II ロ

B イ

8 助動詞（三）「つ」「ぬ」

◆「つ」「ぬ」の活用と意味を覚える。
◆「ぬ」は、打消「ず」の連体形と区別できるようにする。

ポイントA

「つ」「ぬ」の接続と活用

接続	基本形	未然形	連用形	終止形	連体形	已然形	命令形	活用型
連用形	つ	て	て	つ	つる	つれ	てよ	下二段型
連用形	ぬ	な	に	ぬ	ぬる	ぬれ	ね	ナ変型

「つ」の未然形・連用形の「て」は、「てむ」「てけり」などのように、下に助動詞を伴うことが多い。接続助詞「て」と間違えないように注意しよう。

「ぬ」の未然形「な」は、品詞分解などで見落としがちである。前後の接続に注意すること。

〔例〕花も散り（上が連用形）**な**（下が未然形接続語）ば、いかがはせむ。

「～にき」「～にけり」「～にたり」「～にけむ」の「に」は、完了の助動詞「ぬ」の連用形である。

ポイントB

「つ」「ぬ」の意味

①完了（～てしまう・～てしまった・～た）
②強意（きっと～・必ず～）
※「～なむ」「～てむ」「～ぬべし」「～つべし」のように、下に推量の助動詞を伴うときは、**強意**となることが多い。

基本ドリル

A 次の例文中の完了・強意の助動詞「つ」「ぬ」に傍線を引け。（全部で七つ）

① 風吹きて、雨も降りぬ。
② 雨降りなば、花も散りぬべし。
③ 見ゐたりつるほどに、寝むとは思はねど、まどろみてけり。
④ 夢に、清げなる人、立ちて手招きしつ。
⑤ 声をかけんとすれど、逃げ去りにけり。

B 次の傍線部を現代語訳せよ。

① 「観音助け給へ」とこそ思ひつれ。

② 「今日梅の木に、鶯（うぐひす）の来たりて鳴きぬべし（a）」と聞きて聞きに行きぬ（b）。

a	b

練習ドリル

解答・解説は別冊22ページから

1 次の例文から助動詞「つ」「ぬ」を抜き出し、その活用形を答えよ。

① 水おびたたしくわき上がつて、ほどなく湯にぞなりにける。

② 蛇（くちなは）をば大井川に流してけり。

③「はや、殺し給ひてよかし」

④「とく帰り給ひね」

	抜き出し	活用形
①		形
②		形
③		形
④		形

2 次の□に合うように、助動詞「ぬ」を活用させて答えよ。

① いつのまに五月（さつき）来（き）□らむ

②「主（ぬし）おはせずとも、（私は）さぶらひ□む」

③ 夜のほのぼのと明くるに、泣く泣く帰り□けり。

④「二百九十歳にぞ、今年はなりはべり□」

①	③

②	④

3 次の傍線部を現代語訳せよ。

① 盛りにならば容貌（かたち）も限りなくよく、髪もいみじく<u>長くなりなむ</u>。

② にはかに胸を病（や）みて<u>亡（う）せにき</u>となむ聞く。

①	②

基本ドリルの解答

A ① ぬ ② な・ぬ ③ つる・て ④ つ ⑤ に

B ① 思った

② a きっと鳴くだろう

b 行った

9 助動詞（三）「ず」

◆「ず」の活用を覚える。
◆ザリ系列の用い方を理解する。
◆連体形「ぬ」を完了の助動詞と区別できるようにする。

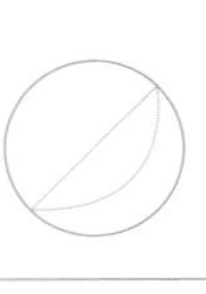

ポイントA 「ず」の接続と活用

接続	基本形	未然形	連用形	終止形	連体形	已然形	命令形	活用型
未然形	ず	(ず)	ず	ず	ぬ	ね	○	特殊型
		ざら	ざり	○	ざる	ざれ	ざれ	

※「ざら・ざり……」という**ザリ系列**は、「ず」（連用形）に「あり」（ラ変）が付いてできた形で、主に、**下に助動詞が付く**ときに用いられる。

※「ず」の後に、終止形接続の助動詞（「べし」「らむ」など）が続くときには、「ずべし」「ずらむ」とはならず、**「ざるべし」「ざるらむ」**のように、ザリ系列の連体形に接続する。

ポイントB 「ず」の意味

打消（〜ない）

「〜ずは」「〜ずば」は、仮定条件で、「もし〜ないならば」と訳す。

「〜ねば」は、確定条件で、「〜ないので・〜ないと」と訳す。

「〜なば」は、［完了の助動詞「ぬ」の未然形＋ば］であって、「〜てしまうならば・もし〜たならば」と訳す。打消と間違えないように注意しよう。

基本ドリル

A 次の□に、左の訳を参考にして、打消の助動詞「ず」を入れよ。

① 心知ら［a］人は、なにとも思ひいれ［b］。
何にも知らない人は気にも留めない。

② わが身の憂さは、なにごとも言はれ［c］けり。
自分の身のつらさは、なんにも言うことができないことだ。

③ かれ、人にはあら［d］べし。物の怪なんめり。
あれは、人間ではないだろう。化け物であるようだ。

a	c
b	**d**

B 次の傍線部を現代語訳せよ。

① 雲もなし。月出でずは、星見るにはよき夜ならむ。

② 風吹かねば、船も進まず。

①	②

練習ドリル

解答・解説は別冊24ページから

1 次の例文から助動詞「ず」を抜き出し、その活用形を答えよ。

① 京には見えぬ鳥なればみな人見知らず。（二つ）

② 人の心すなほならねば、偽り（いつは）なきにしもあらず。（二つ）

	抜き出し	活用形	抜き出し	活用形
①		形		形
②		形		形

2 次の［　］に合うように、助動詞「ず」を活用させて答えよ。

① 船の人も見え［　］なりぬ。

② 「かかる目見む」とは思は［　］けむ。

③ 「この国に見え［　］玉の枝なり」

④ 「などてか、さぶらは［　］む」

①	②	③	④

3 次の傍線部を、解答例にならって品詞分解せよ。

（解答例）雨（名詞）｜降り（動詞・四段・連用形）｜けり（助動詞・過去・終止形）。

① 歯黒め付けねば、いと世づかず。

② 飛ぶ鳥の声も聞こえぬ奥山の深き心を人は知らなむ

①		②
付	世	声
け	づ	も
ね	か	聞
ば	ず	こ
		え
		ぬ

基本ドリル の解答

A a ぬ　b ず　c ざり　d ざる

B ① もし月が出ないならば
② 風が吹かないので

10 助動詞（四）「たり」「り」

◆「り」の接続を確認する。

ポイントA

「たり」「り」の接続と活用

接続	基本形	未然形	連用形	終止形	連体形	已然形	命令形	活用型
連用形	たり	たら	たり	たり	たる	たれ	たれ	ラ変型
サ未四已（さみしい）	り	ら	り	り	る	れ	れ	ラ変型

「り」の接続は**サ**変動詞の**未**然形か**四**段動詞の**已**然形（命令形）

助動詞「り」は必ず**エ段音**が上にある。

〔例〕何とも思**へ**らず。（エ段）→「り」の未然形

〔例〕風月の才に富**め**る人なり。（エ段）→「り」の連体形

〔例〕思ひのほかなる人の言**へ**れば、……。（エ段）→「り」の已然形

〔参考〕よき人とぞ言ひ**け**る。（エ段）→「けり」の連体形の一部（上がエ段でも、サ変・四段の活用語尾でなければダメ！）

ポイントB

「たり」「り」の意味

①**完了**（～てしまう・～てしまった・～た）

②**存続**（～ている・～ていた・～てある・～てあった）

※**完了**とは動作や状態が終わったこと、**存続**とは続いていることをいう。

「～ている」「～てある」と訳せたら**存続**、訳せないなら**完了**が原則。

基本ドリル

AⅠ 次の□に合うように、助動詞「り」を活用させて答えよ。

①花咲け□時、会ひけり。

②鳥鳴け□むこと、いとをかし。

①	②

AⅡ 次の□の中の語を、適当に活用させて答えよ。

①風［吹く］る折あはれなり。

②月を見ることなど［す］り。

①	②

B 次の例文を、太字の助動詞に注意して現代語訳せよ。

①何とも思へ**ら**ず。

②詠め**る**歌。

練習ドリル

解答・解説は別冊26ページから

1 次の例文中の完了の助動詞「り」に傍線を引き、その活用形を答えよ。

① 立てる人どもは、装束（さうぞく）の清らなること、物にも似ず。

② （あなたは）またとのたまへれど、わが身すでに老いたり。

③ あたら夜の月と花とを同じくはあはれ知れらむ人に見せばや

④ やまと歌は人の心を種として、よろづの言の葉とぞなれりける。

⑤ 今宵（こよひ）はただに臥（ふ）し給へれ。

①	②	③	④	⑤
形	形	形	形	形

2 次の□に、「り」または「たり」のいずれかを入れよ。

① 唐装束（からさうぞく）をし、髪あげて舞をせ□。

② かきつばたいとおもしろく咲き□。

③ その山のそばひらを巡れば、世の中になき花の木ども立て□。

④ 金（こがね）・銀（しろがね）・瑠璃（るり）色の水、山より流れ出（い）で□。

①	②	③	④

3 次の傍線部を、助動詞に注意して現代語訳せよ。

白波に秋の木の葉の浮かべる[a]を海人（あま）の流せる[b]舟かとぞみる

a	b

基本ドリルの解答

AⅠ ①る ②ら

AⅡ ①吹け ②せ

B ①何とも思っていない ②詠んだ歌

11 助動詞(五)「る」「らる」

◆「る」「らる」の四つの意味を見分けられるようにする。

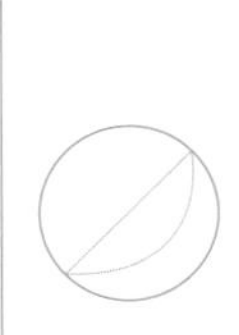

ポイントA 「る」「らる」の接続と活用

接続	基本形	未然形	連用形	終止形	連体形	已然形	命令形	活用型
未然形	**る**	**れ**	**れ**	**る**	**るる**	**るれ**	**れよ**	下二段型
未然形	**らる**	**られ**	**られ**	**らる**	**らるる**	**らるれ**	**られよ**	下二段型

※「る」は四段・ラ変・ナ変動詞の未然形に、「らる」はその他の未然形に接続する。

助動詞「る」の上には必ずア段音がある。

ポイントB 「る」「らる」の意味

①**自発**(自然と～れる・つい～する・～せずにはいられない)
↓ 上に**心情語**や**知覚を表す動詞**があることが多い。

②**可能**(～できる)
↓ 下に**打消の語**があることが多い。

③**受身**(～れる・～られる)
↓ 「誰々**に**」という受身の対象があるか、想定できる。

④**尊敬**(お～になる・～なさる)
↓ 右の①・②・③に該当しない場合であり、**主語**が**貴人**であることが多い。

※「仰せらる」の「らる」は絶対に**尊敬**。
「れ給ふ」「られ給ふ」の「れ」「られ」が、尊敬になることはない。

心情語とは「思ふ」「忍ぶ」「思ひ出づ」など人の心の動きに関わる語である。

打消の語とは助動詞「ず」「じ」「まじ」、形容詞「なし」、接続助詞「で」と、反語表現(係助詞「や」「か」、疑問・反語の副詞など)である。

受身以外は「～れる・～られる」と訳さないようにする。

基本ドリル

A 次の□の中の語を、適当に活用させて答えよ。

① 悲しくて、ものも食は[る]ず。

② 少将に、「起き[らる]」と命ず。

③ 故郷のみぞ思ひ出で[らる]。

①	②	③

B 次の傍線部の文法的意味として適当なものを、それぞれ後から選べ。

① いにしへのことも恋しう思は<u>る</u>。

② 子に教へ<u>らるる</u>もをかし。

③ 大納言は急ぎ帰ら<u>れ</u>けり。

④ 暑さに堪へずして、さらに寝<u>られ</u>ず。

イ 自発　ロ 可能　ハ 受身　ニ 尊敬

①	②	③	④

練習ドリル 解答・解説は別冊28ページから

1 次の例文中の助動詞「る」「らる」に傍線を引き、その活用形を答えよ。

① 泊まる方(かた)は思ひかけられず。
② 家居(いへゐ)にこそ、ことざまはおしはからるれ。
③ ありがたきもの、舅(しうと)にほめらるる婿(むこ)。
④ 僧たち、祈り試みられよ。

①	②	③	④
形	形	形	形

2 次の傍線部の文法的意味として適当なものを、それぞれ後から選べ。

① あまりに水が速うて、馬は押し流され候(さふら)ひぬ。
② 少将殿は、まことに心細く仰(おほ)せらるるもいたはし。
③ 御庵(いほり)のさま、御住まひ、ことがら、すべて目もあてられず。
④ 折々のこと思ひ出(い)で給ふに、よよと泣かれ給ふ。

イ 自発　ロ 可能　ハ 受身　ニ 尊敬

①	②	③	④

3 次の傍線部を現代語訳せよ。

① 大将さらばとて、東の門(かど)より参られけり。
② 今日は都のみぞ思ひやらるる。
③ 涙のこぼるるに、目も見えずものも言はれず。
④ 敵はあまたあり、そこにてつひに討たれにけり。

①	②	③	④

基本ドリルの解答

A ① れ　② られよ　③ らるる
B ① イ　② ハ　③ ニ　④ ロ

12 助動詞（六）「す」「さす」「しむ」

◆「す」「さす」「しむ」の二つの意味を見分けられるようにする。

ポイントA

「す」「さす」「しむ」の接続と活用

接続	基本形	未然形	連用形	終止形	連体形	已然形	命令形	活用型
未然形	す	せ	せ	す	する	すれ	せよ	下二段型
未然形	さす	させ	させ	さす	さする	さすれ	させよ	下二段型
未然形	しむ	しめ	しめ	しむ	しむる	しむれ	しめよ	下二段型

※「す」は四段・ラ変・ナ変動詞の未然形に、「さす」はその他の未然形に接続する。

※「しむ」は動詞の未然形に接続する（漢文訓読調の文章などにしか出てこない）。

ポイントB

「す」「さす」「しむ」の意味

①**使役**（～せる・～させる）

②**尊敬**（お～になる・～なさる）

※直下に尊敬語（給ふ・おはす・おはします）がないときは、必ず**使役**。

※直下に尊敬語（給ふ・おはす・おはします）があるときは、**尊敬**が多い。ただし「誰々に」という、何かをさせる相手が書いてあるか、書いてなくても想定できるときは**使役**。

〔例〕女房に歌詠ま**せ給ふ**（女房に歌を詠ま**せ**なさる）。

基本ドリル

A 次の□の中の語を、適当に活用させて答えよ。

① 中宮は二十二になら［す］給ふ。

② 鐘の声を聞こしめして、作ら［しむ］給へる詩（うた）ぞかし。

③ 名をこそつけ［さす］。

①	②	③

B 次の傍線部の文法的意味として適当なものを、それぞれ後から選べ。

① 月の都の人、とらへさせむ。

② 帝（みかど）の御身は疲れさせおはします。

③ 公（おほやけ）（＝帝）も行幸（みゆき）せしめ給ふ。

④ 随身（ずいじん）に大御酒（おほみき）持たせ給ふ。

イ 使役　ロ 尊敬

①	②	③	④

練習ドリル

解答・解説は別冊30ページから

1 次の例文中の助動詞「す」「さす」「しむ」に傍線を引き、その活用形を答えよ。

① 御格子上げさせて、御簾を高く上げたれば、笑はせたまふ。（二つ）
② ただこの媼の食はすれば食ひ、食はせねば食はであり。（二つ）
③ 愚かなる人の目をよろこばしむる楽しみ、またあぢきなし。
④ 柵を切り落とさせ給へ。水は程なく落つべし。

①	形	形
②	形	形
③	形	
④	形	

2 次の傍線部の文法的意味として適当なものを、それぞれ後から選べ。

① 御年六十二にて失せさせ(a)おはしましけるを、
② 殿ありかせ(b)給ひて、御随身召して遣水はらはせ(c)給ふ。
③ 燕の巣に手をさし入れさせ(d)て探るに、「物もなし」と申すに、

イ 尊敬　ロ 使役

a	
b	
c	
d	

3 次の傍線部を現代語訳せよ。

① 上も聞こしめし、めでさせ給ふ。
② 御琴召して、内にも、この方に心得たる人々に弾かせ給ふ。

①	
②	

基本ドリル の解答

Ⓐ ①せ　②しめ　③さすれ
Ⓑ ①イ　②ロ　③ロ　④イ

13 助動詞（七）「む」「むず」「じ」

◆「む」の四つの意味と訳し方を押さえる。

ポイントA 「む」「むず」「じ」の接続と活用

接続	基本形	未然形	連用形	終止形	連体形	已然形	命令形	活用型
未然形	む（ん）	○	○	**む（ん）**	**む（ん）**	**め**	○	四段型
未然形	むず（んず）	○	○	**むず（んず）**	**むずる（んずる）**	**むずれ（んずれ）**	○	サ変型
未然形	じ	○	○	**じ**	**じ**	**じ**	○	無変化型

ポイントB

「む」「むず」の意味

①推量（〜だろう）
②意志（〜よう・〜たい）
③婉曲（えんきょく）・仮定（〜ような・〜としたら）
④適当・勧誘（〜ほうがよい・〜てはどうか）

「じ」の意味

①打消推量（〜ないだろう）
②打消意志（〜まい・〜ないつもりだ）
※「じ」は「む」の打消である。

「む」はまず①か②の意味で考えてみる。
③の場合は、「む」が連体形で次の形をとる。
(a)〜む＋体言　(b)〜む＋助詞　(c)〜む＋、（読点）
③の婉曲・仮定以外は、一つ一つ訳してみて文脈から判断する。
「ん」は「む」であって、打消ではない。
「むず」の「ず」は打消ではない。

基本ドリル

A Ⅰ 次の□の語を、助動詞に注意しながら活用させよ。

① 見る む。
② す むず。
③ 言ふ じ。

①	②	③

A Ⅱ 次の□の語を、適当に活用させて答えよ。

① 雨こそ降ら む 。
② 雨や降ら むず 。

①	②

B 次の傍線部の助動詞の意味を、それぞれ後から選べ。

① 翁（おきな）の申さむことを聞き給へ。
② いくさに負くることはよもあらじ。
③ われ、東の方（かた）に住むべき所求め行かむ。

イ 推量　ロ 意志　ハ 婉曲
ニ 適当・勧誘　ホ 打消推量　ヘ 打消意志

①	②	③

練習ドリル

解答・解説は別冊32ページから

1 次の傍線部の文法的意味として適当なものを、それぞれ後から選べ。

① 筆を取れば物書かれ、楽器を取れば音（ね）を立てむと思ふ。

② 「少納言よ、香炉峰（かうろほう）の雪いかならむ」

③ 子といふものなくてありなむ。

④ 一生の恥、これに過ぐるはあらじ。

⑤ 思はむ子を法師になしたらむこそ心苦しけれ。

⑥ 「われはしかじかのことありしかば、そこに（堂を）建てむずるぞ」

イ 推量　ロ 意志　ハ 仮定・婉曲

ニ 適当・勧誘　ホ 打消推量　ヘ 打消意志

①	②	③	④	⑤	⑥

2 次の傍線部の現代語訳として最も適当なものを、それぞれ後から選べ。

① 「などかくは急ぎ給ふ。花を見てこそ帰り給はめ」

イ お帰りになるだろう

ロ 帰っただろう

ハ お帰りになってはどうか

ニ 帰ることにしよう

② （我は）心憂（う）き身なれば、「尼になりなむ」と思へど、

イ 尼になってしまおう

ロ 尼になっただろう

ハ 尼になってしまってはどうか

ニ 尼にきっとなれるだろう

①	②

基本ドリルの解答

A Ⅰ ①見　②せ　③言は

A Ⅱ ①め　②むずる

B ①ハ　②ホ　③ロ

14 助動詞（八）「らむ」「けむ」

◆現在推量の「らむ」と過去推量の「けむ」の意味と訳し方を覚える。

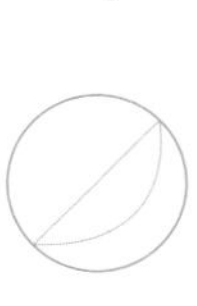

ポイントA 「らむ」「けむ」の接続と活用

接続	基本形	未然形	連用形	終止形	連体形	已然形	命令形	活用型
終止形（ラ変型は連体形）	らむ（らん）	○	○	**らむ**（らん）	**らむ**（らん）	**らめ**	○	四段型
連用形	けむ（けん）	○	○	**けむ**（けん）	**けむ**（けん）	**けめ**	○	四段型

「らむ」「けむ」は、「む」と活用の型は同じである。

ポイントB

「らむ」の意味

①**現在推量**（～ているだろう）
②**現在の原因推量**（～ているのだろう〔か〕）
③**現在の伝聞・婉曲**（～ているとかいう・～ているような）

「けむ」の意味

①**過去推量**（～ただろう）
②**過去の原因推量**（～たのだろう〔か〕）
③**過去の伝聞・婉曲**（～たとかいう・～たような）

「らむ」「けむ」は三つの意味があるが、文法的意味が問われる場合、「らむ」は①の現在推量であることが多い。「けむ」は①か③の意味が多い。

「らむ」は識別問題として問われることがある。

〔例〕あらむ（あら＋む）
　高からむ（高から＋む）
　知れらむ（知れ＋ら＋む）

「む・らむ・けむ」で、未来・現在・過去の推量と覚えておけばよい。

基本ドリル

AⅠ 次の例文の「来」の読みをそれぞれ記せ。

① 来らむ
② 来けむ

①	②

AⅡ 次の□に合うようにラ変動詞「あり」を活用させて記入せよ。

① □らむ
② □けむ

B 次の傍線部「らむ」の中で、助動詞一語からなるものを一つ選べ（接続に注意すること）。

① かたちのすぐれたらむぞあらまほしき。
② 化粧（けさう）したらば、うつくしからむ。
③ 娘ただ一人侍らむ。
④ いかにおぼつかなく思ふらむ。

練習ドリル 解答・解説は別冊34ページから

1 次の傍線部を、助動詞に注意して現代語訳せよ。

① 昔、男ありけり。京や住み憂（う）かりけむ、東（あづま）の方（かた）に行きて、

② 憶良（おくら）らは今はまからむ子泣くらむそれその母も吾（あ）を待つらむぞ

③ わ翁（おきな）の年こそ聞かまほしけれ。生まれけむ年は知りたりや。

①	②	③

2 次の［　］に合うように、「らむ」または「けむ」を活用させて答えよ。

① 色も香（か）も昔の濃さに匂（にほ）へども植ゑ［　］人の影ぞ恋しき

② 吉野川（よしのがは）岸のやまぶき咲きにけり峰の桜は散りはてぬ［　］

①	②

3 次の傍線部「らむ」について、文法的説明の正しいものを、それぞれ後から選べ。

① 折にふれば、何かはあはれならざらむ。

② 何事にかあらむ、ことごとしくののしりて、

③ 生けらむほどは武に誇るべからず。

④ かくて都にあるならば、また憂（う）き目をも見むずらむ。

イ 助動詞

ロ 助動詞の一部＋助動詞

ハ 助動詞＋助動詞

ニ 動詞の一部＋助動詞

①	②	③	④

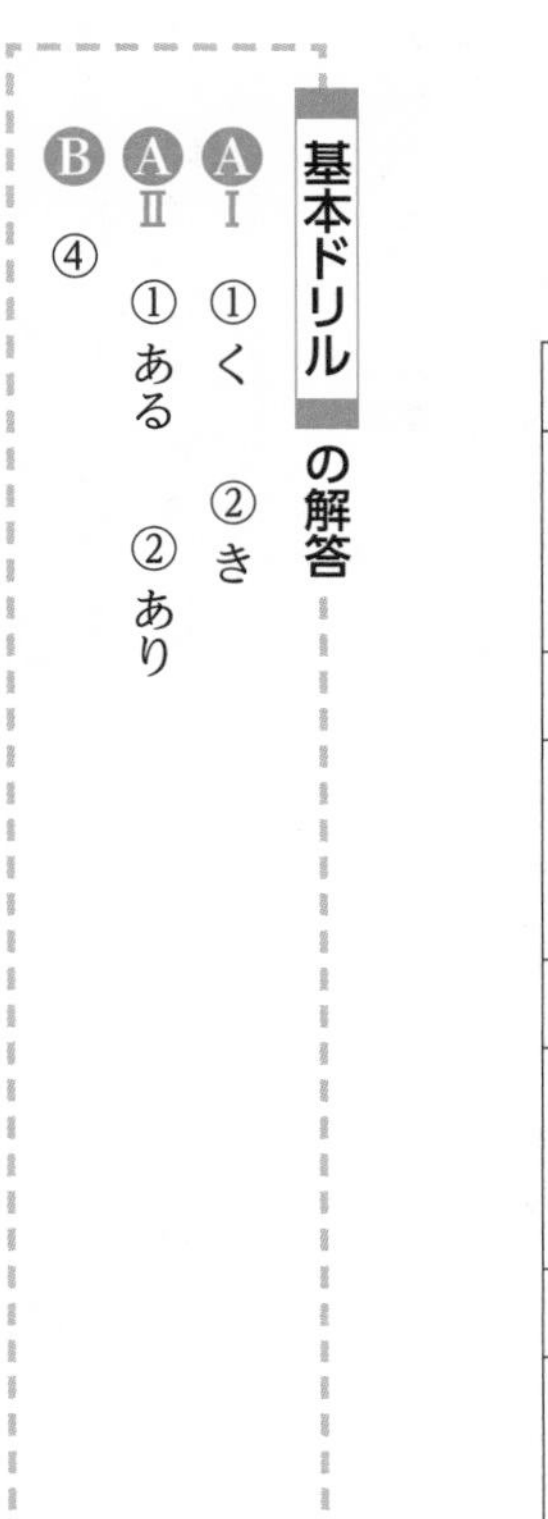
基本ドリル の解答

A Ⅰ ① く ② き

A Ⅱ ① ある ② あり

B ④

15 助動詞(九)「べし」「まじ」

◆「べし」「まじ」の意味と訳し方を覚える。
◆「まじ」は「べし」を打ち消した意味を持つ。

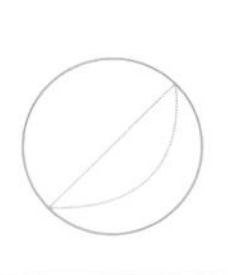

ポイントA 「べし」「まじ」の接続と活用

接続	基本形	未然形	連用形	終止形	連体形	已然形	命令形	活用型
終止形(ラ変型は連体形)	べし	(べく)	べく	べし	べき	べけれ	○	形容詞型
		べから	べかり	○	べかる	○	べかれ	
終止形(ラ変型は連体形)	まじ	(まじく)	まじく	まじ	まじき	まじけれ	○	形容詞型
		まじから	まじかり	○	まじかる	○	まじかれ	

ポイントB

「べし」の意味

①当然(～はずだ・～べきだ・～にちがいない・～ねばならない)
②推量(～だろう・～そうだ)
③意志(～よう・～たい)
④可能(～できる)
⑤適当(～ほうがよい)
⑥命令(～せよ)

「まじ」の意味

①打消当然(～はずがない・～べきでない・～ないにちがいない)
②打消推量(～ないだろう・～そうもない)
③打消意志(～まい・～ないつもりだ)
④不可能(～できない)
⑤不適当(～ないほうがよい)
⑥禁止(～するな・～てはならない)

「べし」は最も多くの意味を持つ助動詞で、明確に区別しにくいが、**六つの意味と訳し方**を覚えておいて、文脈にふさわしいものを選んでゆく。

基本ドリル

A 次の例文中の助動詞「べし」に傍線を引き、その活用形を答えよ。

① わづらひて、心地死ぬべくおぼえければ、
② 時鳥(ほととぎす)鳴くべき時に近づきにけり
③ 恐るべかりけるは、ただ地震(なゐ)なりけり。
④ 歌の返し、とくこそすべけれ。

①	②	③	④
形	形	形	形

B 次の傍線部の文法的意味として適当なものを、それぞれ後から選べ。

① 黒き雲にはかに出で(い)来(き)ぬ。風吹きぬべし。
② 薬のほかはなくとも事欠(ことか)くまじ。
③ 「頼朝(よりとも)が首、わが墓の前に懸くべし」と命じけり。
④ ゆめ漏らすまじく、口がためたまひて遣はす。

イ 推量　ロ 意志　ハ 命令　ニ 打消推量　ホ 禁止

①	②	③	④

練習ドリル

解答・解説は別冊36ページから

1 次の[　]に合うように、「まじ」を活用させて記入せよ。

① 冬枯れの気色（けしき）こそ秋にはをさをさ劣る[　]。

② この女見（み）では世にある[　]心地のしければ、

2 次の傍線部の現代語訳として最も適当なものを、それぞれ後から選べ。

① 惟光（これみつ）の朝臣（あそん）の宿る所にまかりていそぎ参るべきよし言へ。

イ 急いで参上しようということを

ロ 急いで参上せよということを

ハ 急いで参上するだろうということを

ニ 急いで参上できるということを

② 咲きぬべきほどの梢（こずゑ）、散りしをれたる庭などこそ見どころ多けれ。

イ 今にも花が咲きそうなぐらいの

ロ 花が咲いたにちがいない頃の

ハ 花が咲いてほしいぐらいの

ニ 今まさに花の咲いている頃の

③ 「人にも漏らさせ給ふまじ」と、御口固（くちがた）めきこえ給ふ。

イ 漏らしなさらないつもりだ

ロ 漏らしなさるはずがない

ハ 漏らしなさらないだろう

ニ 漏らしなさってはいけない

④ 人のたはやすく通ふまじからむ所に跡を絶えて籠（こ）もり居（ゐ）なむ。

イ 通っていけそうな所

ロ 通っていくはずの所

ハ 通えないような所

ニ 通う必要がなかった所

①	
②	
③	
④	

基本ドリル の解答

A ① べく・連用　② べき・連体　③ べかり・連用　④ べけれ・已然

B ① イ　② ニ　③ ハ　④ ホ

16 助動詞（十）「なり」「なり」

◆二種類の「なり」の違い（接続・活用・意味）を確認する。

ポイントA

伝聞推定の「なり」と断定の「なり」の接続と活用

接続	基本形	未然形	連用形	終止形	連体形	已然形	命令形	活用型
終止形（ラ変型は連体形）	（伝聞推定）なり	○	（なり）	なり	なる	なれ	○	ラ変型
体言 連体形	（断定）なり	なら	なり に	なり	なる	なれ	なれ	形容動詞型

※助動詞「なり」は二種類あるので、まず接続によって両者を区別する。

断定「なり」の連用形「に」は、下に「あり」や「侍り（はべ）」を伴うことが多い。

〔例〕わが思ふ人には侍らず。（私の思う人ではありません）

伝聞推定の「なり」の上は撥音便化（はつおんびん）しやすく、さらにそれが無表記になることもある。

〔例〕あるなり → あんなり（撥音便形） → あなり（撥音便無表記形）

をかしかるなり → をかしかんなり（撥音便形） → をかしかなり（撥音便無表記形）

ポイントB

「なり」の意味

①伝聞（～とかいう・～そうだ）

②推定（～ようだ・～が聞こえる）

「なり」の意味

①断定（～である）

②存在（～にある・～にいる）

伝聞推定とは、うわさや音や声による**聴覚推定**である。

存在の「なり」とは、「（どこそこ）にある」ことを表す。

〔例〕駿河（するが）**なる**富士の山（駿河にある富士の山）

基本ドリル

A 次の傍線部「なり」を、伝聞推定と断定とに分類せよ。

① 秋の野に松虫の声すなり。

② おのが身は月の都の人なり。

③ かかることは女もするなり。

④ 物語といふものあんなり。

伝聞推定	
断定	

B 次の傍線部を現代語訳せよ。

① 猛（たけ）き武夫（もののふ）の心をも慰（なぐさ）むるは歌なり。

② うつくしきものにあらず。

③ 春日（かすが）なる三笠（みかさ）の山に出（い）でし月かも

④ 耳を澄ませば、人泣く声すなり。

①	②
③	④

練習ドリル 解答・解説は別冊38ページから

1 次の［　］A〜Gに入れるのに適当なものを、それぞれ後から選べ。

① 比叡（ひえ）の山のふもとなれば、雪いと高し。
② 「荻（をぎ）の葉、荻の葉」と呼ばすれど、答へざなり。
③ 雀（すずめ）こそいたく鳴くなれ。ありし雀の来るにやあらむ。

例文①の「なれ」は［A］に接続しているので、［B］である。例文②の「なり」の上の「ざ」は、もとの形は［C］で、その撥音便無表記形であるから、この場合「なり」は［D］である。例文③の「なれ」の上の「鳴く」は四段活用動詞で、［E］と［F］とが同形なので、接続からは判定できないが、「鳴く」という音を表す語があるので、「なれ」は［G］である。

イ 断定の助動詞　ロ 伝聞推定の助動詞　ハ 未然形
ニ 連用形　ホ 終止形　ヘ 連体形
ト 体言　チ ざり　リ ざる

A	B	C	D

E	F	G

2 助動詞のうちで「に」と活用するものは、断定の「なり」の連用形と完了の「ぬ」の連用形である。次の傍線部「に」を、断定の助動詞と完了の助動詞とに分類せよ。

① この川、飛鳥川（あすかがは）にあらねば、淵瀬（ふちせ）さらに変はらざりけり。
② しづかに思へば、よろづに過ぎにし方（かた）の恋しさのみぞせんかたなき。
③（もとの妻を）かぎりなく愛（かな）しと思ひて、（新しい妻のいる）河内（かはち）へも行かずなりにけり。
④ 故治部卿（ぢぶきやう）の朝臣（あそん）、三位（さんみ）になむ侍りし。
⑤ 気色（けしき）ある鳥の枯声（からごゑ）に鳴きたるも、梟（ふくろふ）はこれにやとおぼゆ。

断定	完了

基本ドリル の解答

Ⓐ 伝聞推定＝①・④　断定＝②・③
Ⓑ ① 慰めるものは歌である
② かわいい（美しい）ものではない
③ 春日にある三笠の山
④ 泣く声がするようだ

17 助動詞(十二)「めり」「らし」

◆「めり」と「なり」の違いを理解する。
◆音便形はもとの形にもどせるようにしておく。

ポイントA

「めり」「らし」の接続と活用

接続	基本形	未然形	連用形	終止形	連体形	已然形	命令形	活用型
終止形（ラ変型は連体形）	めり	○	（めり）	**めり**	**める**	**めれ**	○	ラ変型
終止形（ラ変型は連体形）	らし	○	○	**らし**	**らし**	**らし**	○	無変化型

※「らし」は「じ」と同様に形の変わらない助動詞である。

ポイントB

「めり」の意味

①推定（～ようだ）②婉曲（～ようだ）

「めり」は目に見える事柄についての視覚推定である。

「らし」の意味

①**根拠のある推定**（～らしい）※主に歌の中で用いられる。

ポイントC

助動詞の音便は三種類。

①**イ音便**　べき→**べい**
［例］いとほしうもある**べい**かな。

②**ウ音便**　べく→**べう**　まじく→**まじう**　まほしく→**まほしう**
［例］聞こえ**まほしう**侍り。

③**撥（はつ）音便**　ざるめり→**ざん**めり（**ざ**めり）　たるなり→**たん**なり（**た**なり）
［例］ただ事にも侍ら**ざ**めり。

基本ドリル

A 次の□に合うように、「めり」を活用させて答えよ。

① 泣く□ど、涙落つとも見えず。
② 人たがへにこそ侍る□。
③ 竜田川もみぢ乱れて流る□。

①	②	③

B 次の傍線部を現代語訳せよ。

① 恐ろしと思ひつるにこそあるめれ。
② 日も暮れ方になりぬめり。

①	②

C 次の傍線部を、音便を含まないもとの形に直せ。

① 何事をか奏すべかんなる。
② 館（たち）より呼びに文（ふみ）持て来たなり。

①	②

練習ドリル

解答・解説は別冊40ページから

1 次の傍線部を音便形を含まないもとの形に直せ。

① みやつこまろが家は山もと近かなり。

② 兵衛（ひやうゑ）太郎、兵衛次郎共に討ち死にしてんげり。

③ 今ひときは心も浮き立つものは、春のけしきにこそあめれ。

④ いと忍びがたく思（おぼ）すべかめり。

⑤ 小勢（せうせい）に囲まれぬべうぞ見えたりける。

①	③	⑤

②	④

2 次の例文について、後の二つの問いに答えよ。

命こそかなひ難（がた）かべいものなめれ。

(1) 例文中の音便形をすべてもとの形に直した文にせよ。

(2) 例文の現代語訳として最も適当なものを次の中から選べ。

イ 命があってこそ難しい願いもかなうことになるだろう。

ロ 命はあっても難しい願いはかなうことはないだろう。

ハ 命は時には思い通りになるものでもあるようだ。

ニ 命は思い通りになりにくいはずのものであるようだ。

基本ドリル の解答

A ① めれ　② めれ　③ めり

B ① 思ったのであるようだ　② なってしまうようだ

C ① べかるなる　② たるなり

18 助動詞（十二）「まし」「まほし」

◆「まし」「まほし」の意味を確認する。
◆反実仮想の文の構造を覚える。

ポイントA

「まし」「まほし」の接続と活用

接続	基本形	未然形	連用形	終止形	連体形	已然形	命令形	活用型
未然形	まし	**ましか** **（ませ）**	○	**まし**	**まし**	**ましか**	○	特殊型
未然形	まほし	**（まほしく）** **まほしから**	**まほしく** **まほしかり**	**まほし** ○	**まほしき** **まほしかる**	**まほしけれ** ○	○	形容詞型

※「まし」の未然形は「ましか」と「ませ」の二通りあるが、「ませ」は入試古文ではあまり使われない。

ポイントB

「まし」の意味

①反実仮想（～ただろうに）

次のような文の構造をとる。

ましかば
せば
未然形＋ば
〕～まし。（もし～たならば、～ただろうに。）

※「せば」の「せ」は過去の助動詞「き」の未然形。

②ためらいを含む意志（～しようかしら）

反実仮想の構文ではなく、「いかに」「なに」「や」「か」など**疑問語**を伴う場合。

「まほし」の意味

①希望（～たい）

基本ドリル

A 次の□に合うように、左の訳を参考にして、「まし」か「まほし」を活用させて答えよ。

① 鏡に色、形あら□ば、映らざら□。
もし鏡に色や形があったならば、何も映らなかっただろうに。

② 人の、子生みたるに、男、女、とく聞か□。
人が、子を生んだときには、男か、女か、早く聞きたい。

①	②

B 次の傍線部を現代語訳せよ。

① これに何を書かまし。

② 行かまほしき所へ去ぬ。

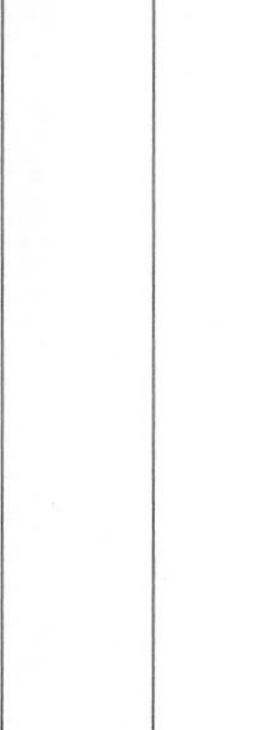

練習ドリル

解答・解説は別冊42ページから

1 次の傍線部「まし」を、反実仮想とためらいを含む意志とに分類せよ。

① 時ならず降る雪かとぞながめまし花橘（はなたちばな）の薫（かを）らざりせば

② なほこれより深き山を求めてや跡絶えなまし。

③ 昼ならましかば、のぞきて見奉りてまし。

④ 折悪（をりあ）しきを、いかにせましと思（おぼ）す。

反実仮想	
ためらいを含む意志	

2 次の傍線部の後に補う言葉として、最も適当なものを選べ。

大きなる柑子（かうじ）の木の、枝もたわわになりたるが、まはりをきびしく囲ひたりしこそ、少しことさめて、「この木なからましかば」とおぼえしか。

イ よけれ　ロ よからまし
ハ よかりき　ニ よからず

3 次の歌は、実際にはどうであると詠んでいるのか、最も適当なものを選べ。

世の中にたえて桜のなかりせば春の心はのどけからまし

イ この世に桜があるおかげで、春は咲いた桜を見て心穏やかに過ごすことができる。

ロ この世の桜がすべて枯れ果ててしまうと、春の人の心はきっとすさんでしまう。

ハ この世に桜があるせいで、春になると桜のことが気になって心が落ち着かない。

4 次の□に合うように、「まほし」を活用させて記入せよ。

① 愛敬（あいぎやう）ありて、言葉多からぬこそ、飽かず向かは□。

② なほ捨てがたく、気色（けしき）見□て、御文（ふみ）つかはす。

③ 少しの事にも先達（せんだつ）はあら□ことなり。

基本ドリル の解答

A ① ましか・まし　② まほし

B ① 何を書こうかしら
② 行きたい所

19 助詞(一)格助詞

◇格助詞は主に体言について、その語と下の語との関係を示す。
◇「の(が)」の用法を理解する。

◆格助詞は数多くあるが、特に注目すべきは以下のものである。

ポイントA

「の(が)」の用法

①**主格**(～が) 〔例〕雪**の**降る。
②**連体修飾格**(～の) 〔例〕雪**の**夜。 我ら**が**敵。
③**同格**(～で) 〔例〕月**の**いと明(あか)きが出(い)づ。
※下に連体形があり、その下に「の」の上の体言を補える。
〔例〕月**の**(で)いと明き(連体形)が(月が補える)出づ。(月でたいそう明るい月が出る)
④**準体格**(～のもの) 〔例〕花は牡丹(ぼたん)。長谷寺(はせでら)**の**はいとめでたし。
⑤**連用修飾格**(～のように) 〔例〕時鳥(ほととぎす)、例**の**鳴きぬ。
※⑤は「の」だけの用法で、「例の(いつものように)」と和歌の「序詞(じょことば)」に注意。
〔例〕飛ぶ鳥の声もきこえぬ奥山**の**(序詞・「のように」と訳せる)深き心を人は知らなむ
①の主格と③の同格が特に大切である。

ポイントB

「より」の用法

①**経由**(～を通って) 〔例〕男、築地(ついぢ)のくずれ**より**通ひけり。
②**即時**(～とすぐに・～やいなや) 〔例〕男、門(かど)出づる**より**、女泣き臥(ふ)せり。
③**手段・方法**(～で) 〔例〕ただ一人、徒歩(かち)**より**詣(まう)でけり。

基本ドリル

A 次の傍線部「の」の働きを、それぞれ後から選べ。

① 夢に、いと清げなる僧の、黄なる地の袈裟(けさ)着たるが来て、
② 初心の人、二つの矢を持つことなかれ。
③ この歌は、四条大納言のなり。
④ 手のわろき人のはばからず文書きちらすはよし。
⑤ 中将、例のうなづく。

イ 主格　ロ 連体修飾格　ハ 同格　ニ 準体格　ホ 連用修飾格

①	④
②	⑤
③	

B 次の傍線部「より」の働きを、それぞれ後から選べ。

① 舟より上がり給ひて、かちより歩ませ給ふ。
② 前より行く水を、初瀬川といふなりけり。
③ 名を聞くより、やがて面影は推(お)しはからるる心地するを、

イ 経由　ロ 手段・方法　ハ 即時

①
②
③

練習ドリル　解答・解説は別冊44ページから

1 次の傍線部a～hを、後のイ～ホに分類せよ。

① 草の花はなでしこ。唐（から）ₐのはさらなり。大和（やまと）のもいとめでたし。

② 雁（かり）などのｂ連（つら）ねたるが、いと小さく見ゆるは、いとをかし。

③ あしひきの山鳥ｃの尾のしだり尾ｄのながながし夜を一人かも寝む

④ わｅが宿に咲ける藤波立ち返り過ぎがてにのみ人ｆの見るらむ

⑤ 雪のうちに春は来にけり鶯（うぐひす）ｇの凍（こほ）れる涙今やとくらむ

⑥ この歌は、ある人のいはく、大伴黒主（おほとものくろぬし）ｈがなり。

イ 主格

ロ 連体修飾格

ハ 同格

ニ 準体格

ホ 連用修飾格

イ	ロ	ハ	ニ	ホ

2 次の傍線部を、助詞に注意して現代語訳せよ。

① 命婦（みやうぶ）、かしこにまかで着きて、（車を）門（かど）ひき入るるより、けはひあはれなり。

② 女御（にようご）も御輦車（てぐるま）にて、女房、かちより歩みつれて仕うまつる。

③ この国の博士（はかせ）どもの書けるものも、古（いにしへ）のは、あはれなること多かり。

①	②	③

基本ドリル の解答

Ⓐ ①ハ　②ロ　③ニ　④イ　⑤ホ

Ⓑ ①ロ　②イ　③ハ

20 助詞(二) 接続助詞

◆接続助詞は、文と文とのつながりを示す。
◆接続を確認する。
◆意味と訳し方を覚える。

◆接続助詞は数多くあるが、特に注目すべきは以下のものである。

ポイントA

	仮定条件	確定条件	
順接	未然形+**ば**(もし~ならば)	已然形+**ば** ①~ので・~から ②~したところ・~すると	連体形+**を**/**に** ①~ので・~から ②~したところ・~すると ③~けれども
逆接	終止形/形容詞連用形 +**とも**(もし~ても・たとえ~としても)	已然形+**ど**/**ども**(~けれども)	

ポイントB

単純接続	打消接続
連用形+**て**/して(~て)	未然形+**で**(~ないで・~なくて)

基本ドリル

A 次の傍線部の助詞の働きを、それぞれ後から選べ。

① つひにまはらで、いたづらに立てりけり。
② いと幼ければ、籠(こ)に入れて養ふ。
③ 人を殺さば、悪人なり。

イ 打消接続　ロ 順接仮定条件　ハ 順接確定条件

①	②	③

B 次の□に、「ば」または「ども」のいずれかを記入せよ。

① 風吹か□、花散らむ。
② 風吹け□、花散らず。
③ 風吹け□、花散るなり。

練習ドリル

解答・解説は別冊46ページから

1 次の□の中の語を、適当に活用させて答えよ。

① 血の涙を流して［惑ふ］ど、かひなし。

② いたく思ひ［わぶ］てなむ侍る。

③ 大きなる榎の木のあり［けり］ば、人、「榎木の僧正」とぞ言ひける。

④ 思ひつつ寝ればや人の見えつらむ夢と知り［き］ば覚めざらましを

①	②	③	④

2 次の□に、「て」または「で」のいずれかを入れよ。

① 「父母にもあひ見ず、かなしき妻子の顔をも見□死ぬべきこと」と嘆く。

② この乾の方に火なむ見ゆるを、出で□見よ。

①	②

3 次の傍線部「とも」の文法的説明として正しいものを選べ。

① 用ありて行きたりともそのこと果てなばとく帰るべし。

② 人にも語らず、習はむとも思ひかけず。

イ 接続助詞　ロ 格助詞＋係助詞

①	②

4 次の傍線部「ば」の説明として適当なものを、それぞれ後から選べ。

① （庭の様子が）みな荒れにたれば、「あはれ」とぞ人々言ふ。

② 山里の春の夕暮れ来てみれば入相の鐘に花ぞ散りける

③ 浄土に生まれむと思はば、菩提心を発すべし。

イ 順接仮定条件（もし〜ならば）

ロ 順接確定条件（〜ので）

ハ 順接確定条件（〜すると）

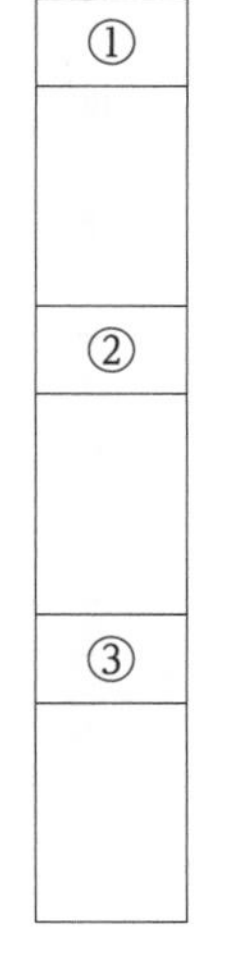

基本ドリルの解答

A ①イ　②ハ　③ロ

B ①ば　②ども　③ば

21 助詞(三) 副助詞

◆副助詞は接続よりも意味の方が大切。
◆「だに」「さへ」「し」の意味・用法に注意する。

ポイントA 「だに」の意味・用法

①もっと言いたいことを、類推させる。→(〜さえ)
〔例〕今日だに言ひがたし。まして後にはいかならむ。
「まして」以下は省略されていることが多い。
②最小限の限定を表す。→(せめて〜だけでも)
※下に希望・願望・命令・意志・仮定が来ることが多い。
〔例〕散りぬとも香をだに残せ梅の花恋しき時の思ひ出にせむ
散ったとしてもせめて香だけでも残しておくれ。梅の花よ、恋しい時の思い出にしよう。

ポイントB 「さへ」の意味・用法

今あることに、さらにある事柄をつけ加える。(添加)→(その上)〜までも)
〔例〕雨風、岩も動くばかり降りふぶき、雷さへ鳴る。

ポイントC 「し」の意味・用法

いろいろな語について、その語を強調する働きをする。→訳す必要はない。
〔例〕花をし見れば物思ひもなし。
※副助詞の「し」は取り払っても文意が通じる。→花を(し)見れば
※下に係助詞「も」がついた「しも」の形も知っておくとよい。
過去の助動詞「き」の連体形、サ変動詞の連用形と間違えないように!

基本ドリル

A 次の傍線部「だに」の文法的説明として正しいものを選べ。

① いと暑ければ、風だに吹け。
② いと暑く、風だに吹かず。

イ「さえ」と訳す類推
ロ「せめて〜だけでも」と訳す最小限の限定

①	②

B 次の例文を現代語訳せよ。

雪さへ降る。

C 次の傍線部「し」の文法的説明として正しいものを選べ。

① 音して、雨降る。
② 雨ぞ降りし。
③ 雨し降る。

イ 強意の副助詞　ロ 過去の助動詞　ハ サ変動詞

①	②	③

練習ドリル

解答・解説は別冊48ページから

1 次の傍線部の訳し方として最も適当なものを、それぞれ後から選べ。

① 日は暮れかかりて、いともの悲しと思ふに、時雨さへうちそそく。

② 「（あなたは）元の御形となり給ひね。（私は）それを見てだに帰りなむ」

③ 胸ふたがる心地して、物をだにも食はずなりにけり。

イ までも

ロ さえ

ハ せめて～だけでも

①	②	③

2 次の傍線部「し」のうち、副助詞をすべて選べ。

① 京より下りし時に、みな人子どもなかりき。

② 位高くやむごとなきをしも、すぐれたる人とやは言ふべき。

③ 常ならぬ世にしあれば、時移り事去り、

④ 母の膝を枕にして、起きも上がらず、

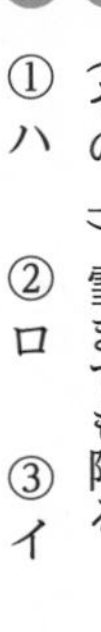

3 次の□に、「だに」または「さへ」のいずれかを入れよ。

① 光やあると見るに、蛍ばかりの光□なし。

② 一昨日も昨日も今日も見つれども明日□見まくほしき君かも

③ この願を□成就せば悲しむべきところにあらず。

①	②	③

4 次の傍線部を、「だに」の用法に注意して現代語訳せよ。

「ものをだに聞えむ。①御声をだにしたまへ」と言ひけれど、②さらに答へをだにせず。

①	②

基本ドリルの解答

Ⓐ ①ロ ②イ

Ⓑ （その上）雪までも降る

Ⓒ ①ハ ②ロ ③イ

22 助詞(四)係助詞

◆「1 古典文法 事始メ」で学習した係り結びの法則・働きを踏まえて、係助詞の特殊な用法について理解する。

ポイントA

結びの省略

係助詞が文末にあり、結びとなる語を含む語句が省略されている場合をいう。

① 「〜にや。」「〜にか。」の形 → 下に「あらむ」などが省略

② 「〜にぞ。」「〜になむ。」の形 → 下に「ある・ありける」などが省略

③ 「〜(に)こそ。」の形 → 下に「あれ・あらめ・ありけれ」などが省略

④ 「〜とぞ。」「〜となむ。」の形 → 下に「言ふ・聞く」などが省略

結びの消滅(消去・流れ)

結びとなるはずの語に接続助詞などがついて、結びがなくなった場合をいう。

〔例〕たとひ耳鼻**こそ**切れ失す**とも**、命ばかりはなどか生きざらむ。

ポイントB

強意逆接の用法(「こそ」の結びの後に「、」がつき、文が続く形)

○**こそ〜**已然形、……。 → 「**〜けれども、**……」と訳す。

〔例〕月は、露、涙、水などに**こそ**やどれ、雲にはやどるべからず。

懸念用法(「こそ・ぞ」の上に、係助詞「も」がつく形)

○**もこそ〜已然形**
○**もぞ〜連体形** → 「**〜すると困る・〜すると大変だ**」と訳す。

〔例〕「危ふし、我がなきほどに人**もぞ**開くる」

否定用法(「こそ」の上に、未然形+「ば」がつく形)

○**〜未然形+ばこそ、…已然形。** → 「**もし〜ならば…だが**(実際はそうではない)」と訳す。

〔例〕刀もあらばこそ、はね返して勝負をもせめ。
もし刀があるならば、はね返して勝負もしようが(実際は刀がない)。

基本ドリル

A 次の傍線部について、A後に省略されている語句を補い、B現代語訳せよ。

① これ、こぶしの花にや。よくも知らず。

A	
B	

② よそのことは言ひやすくとも、我が身の上は言ひにくくこそ。

A	
B	

B 次の傍線部を現代語訳せよ。

① 男はこの女をこそ得めと思ふ。

② 雨こそやみしか、風なほやまず。

③ 門よく鎖してよ。雨もぞ降る。

練習ドリル　解答・解説は別冊50ページから

1 **次の例文について、解答例にならって係り結びを指摘せよ。**

（解答例）悲しくぞ覚ゆる。　→　ぞ～覚ゆる

① 父はなほ人にて、母なむ藤原なりける。

② 待つ宵（よひ）、帰る朝（あした）、いづれかあはれはまされる。

③ 世はさだめなきこそいみじけれ。

④ などや苦しき目を見るらむ。

①	②
③	④

2 **次の傍線部a～gの係助詞を、Ⅰ・Ⅱの条件に合わせて分類せよ。**

① 世に語り伝ふること、まことはあいなきに(a)や、多くはみなそらごとなり。

② （寝殿の屋根に）鳶（とび）のゐたらんは、何(b)かはくるしかるべき。この殿の御心、さばかりに(c)こそ。

③ 葉の広ごりざま(d)ぞ、うたてこちたけれど、異木（ことき）どもとひとしう言ふべきにもあらず。

④ 大将軍ならば(e)こそ、首を取りて鎌倉殿の見参（げんざん）にも入れめ。

⑤ このごろの世の人は十七八より(f)こそ経読み、行ひもすれ、（私は）さること思ひかけられず。

⑥ 心幼くおはする人にて、便（びん）なきことも(g)こそ出（い）で来（く）れ。

条件Ⅰ　イ 結びの完結　ロ 結びの省略　ハ 結びの消滅

条件Ⅱ　イ 強意用法　ロ 疑問用法　ハ 反語用法
　　　　ニ 強意逆接用法　ホ 懸念用法　ヘ 否定用法

Ⅰ		
イ	ロ	ハ

Ⅱ		
イ	ロ	ハ
ニ	ホ	ヘ

基本ドリルの解答

A ① A あらむ　B こぶしの花であるだろうか
② A あれ・あらめ
B 言いにくいものだ・言いにくいものだろう

B ① この女を手に入れたい　② 雨は止んだけれども
③ 雨が降ると困る

23 助詞（五）終助詞

◆ 終助詞は文の終わりにあって、さまざまな意味を表す。
◆ おもな終助詞の用法を覚える。

ポイントA 希望の終助詞の用法

ばや 自分の希望を表す。（～たい） → **未然形**につく。
〔例〕急ぎ船に乗ら**ばや**。

にしがな・てしがな 自分の希望を表す。（～たいものだなあ） → **連用形**につく。
〔例〕いかで（何とかして）このかぐや姫を得**てしがな**、見**てしがな**。

ポイントB 願望の終助詞の用法

なむ 他への願望［**あつらえ**］を表す。（～てほしい・～てもらいたい） → **未然形**につく。
〔例〕追風（おひかぜ）止まず吹か**なむ**。
「なむ」の識別に注意する。（→29「なむ」の識別 ポイントA参照）

がな・もがな 願望を表す。（～があればなあ・～であればなあ） → さまざまな語につく。
〔例〕あからさまに（ほんの少しの間でも）対面**もがな**。

ポイントC その他の終助詞の用法

そ 禁止を表す。（～てはいけない） → 連用形／カ変・サ変の未然形 につく。
〔例〕をのこ、な騒ぎ**そ**。

※「な～そ」の形を取ることが多い。この場合の「な」は副詞である。

かし 念を押すことを表す。（～よ・～ね）
〔例〕恋しくは来てみよ**かし**。

基本ドリル

Ⅰ 次の傍線部の現代語訳を後から選べ。

① 花な咲きそ。
② 花咲かなむ。
③ 花咲けかし。
④ 花折らばや。

イ 咲いてはいけない　ロ 咲いてほしい
ハ 咲けよ　ニ 折るな　ホ 折りたい

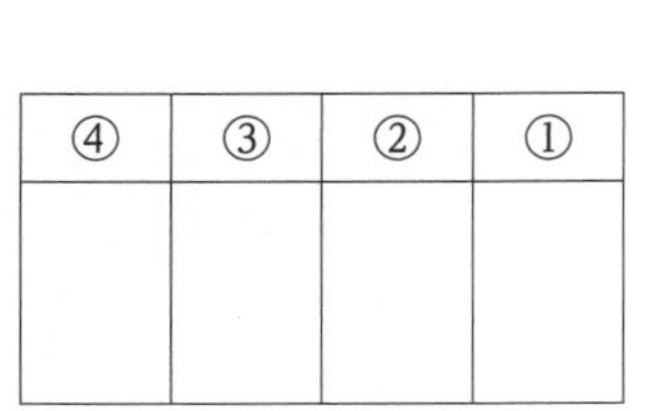

①	②	③	④

Ⅱ 次の傍線部を現代語訳せよ。

紅葉（もみぢ）を焚（た）かむ人もがな。

練習ドリル

解答・解説は別冊52ページから

1 次の傍線部の助詞の用法を、それぞれ後から選べ。

① 「惟光（これみつ）とく参らなむ」とおぼす。

② なほつれなく物な言ひそ。

③ 心あらん友もがな。

④ ほととぎすの声たづねに行かばや。

⑤ この殿は、不運にはおはするぞかし。

イ 禁止（〜てはいけない）

ロ 自分の希望（〜たい・〜たいものだなあ）

ハ 念押し（〜よ）

ニ 願望（〜てほしい・〜があればなあ）

①	②	③	④	⑤

2 次の傍線部のうち、終助詞はどちらかを答えよ。

① 羽なければ空をも飛ぶべからず。龍ならばや雲にも乗らむ。

② これより初瀬（はつせ）に参らばやと存じ候ふ。

3 次の□に合う終助詞を、それぞれ後から選べ。

① （私は）その人に会ひ奉りて、恨み申さ□。

② いつしか梅咲か□。

③ いかでか、この人の御ために残しおく魂（たましひ）□。

④ （和歌を）詠みつべくは、はや言へ□。

イ なむ　ロ もがな　ハ かし　ニ ばや

①	②	③	④

基本ドリルの解答

I ①イ ②ロ ③ハ ④ホ

II 人があればなあ

24 敬語

◆ 敬語には「尊敬」「謙譲」「丁寧」の三種類があることを覚える。
（巻末の「重要敬語一覧」を参照すること）

ポイントA

敬語には「尊敬」「謙譲」「丁寧」の三種類がある。

敬語動詞は、敬意の種類と、訳を覚えてしまうことが大切。

- 「言ふ」の尊敬語＝**のたまふ**・仰(おほ)す → **おっしゃる**
- 「言ふ」の謙譲語＝**申す・聞こゆ**・奏す・啓す → **申し上げる**
- 「聞く」の尊敬語＝**聞こしめす** → **お聞きになる**
- 「聞く」の謙譲語＝**承(うけたまは)る** → **お聞きする**
- 「行く・来」の尊敬語＝**おはす**・おはします → **いらっしゃる**
- 「行く・来」の謙譲語＝**参る**・まうづ → **参上する**
- 「与ふ」の尊敬語＝**給ふ**・たまはす → **お与えになる**・くださる
- 「与ふ」の謙譲語＝**奉(たてまつ)る**・参らす → **さしあげる**
- 「あり・居(を)り」の尊敬語＝**おはす**・おはします → **いらっしゃる**
- 「あり・居り」の謙譲語＝**侍(はべ)り**・候ふ → **お仕えする**
- 「あり・居り」の丁寧語＝**侍り**・候ふ → **あります・います**
- 「思ふ」の尊敬語＝**おぼす**・おぼしめす → **お思いになる**
- 「寝(ぬ)」の尊敬語＝**大殿籠(おほとのごも)る** → **おやすみになる**
- 「受く」の謙譲語＝**たまはる** → **いただく**

これは似ていて間違えやすい！

- 「たまはす」→ くださる（お与えになる）＝「与ふ」の**尊敬語**
- 「たまはる」→ いただく（お受けする）＝「受く」の**謙譲語**
- 「聞こしめす」→ お聞きになる ＝「聞く」の**尊敬語**
- 「聞こえさす」→ 申し上げる ＝「言ふ」の**謙譲語**

基本ドリル

A 次の敬語の訳し方を、それぞれ後から選べ。

① おはす
② 申す
③ 参らす
④ おぼす
⑤ のたまふ
⑥ まうづ

イ さしあげる　ロ おっしゃる
ハ 申し上げる　ニ お思いになる
ホ 参上する　ヘ いらっしゃる

①	②	③	④	⑤	⑥

ポイントB

敬語動詞の中には敬意を伴う動作・存在を表す「**本動詞**」と、他の動詞などについて、実質的な意味を離れて敬意だけを表す「**補助動詞**」がある。また、断定の助動詞「なり」の連用形や形容詞などに「おはす・おはします」「侍り・候ふ」がついて、敬意を含む判断を表す場合も、「補助動詞」である。

〔例〕よき酒、**はべり**。（よい酒が、**あります**）→本動詞
〔例〕よき酒を飲み**はべり**。（よい酒を飲み**ます**）→補助動詞

補助動詞の訳し方

尊敬 →〜なさる　・お〜になる・〜てくださる　・〜ていらっしゃる
謙譲 →〜申し上げる・お〜する　・〜てさしあげる・〜（さ）せていただく

訳語の「**お〜になる**」は尊敬、「**お〜する**」は謙譲と覚えておこう！
〔例〕お話しになる →尊敬　お話しする →謙譲

丁寧 →〜ます・〜です・〜ています

ポイントC

敬語動詞の中には、尊敬と謙譲、または謙譲と丁寧といったように二種にまたがり複数の意味を持つものがある。数は少ないので覚えておこう。

①「**給ふ**」が補助動詞のとき →尊敬の場合が多いが、謙譲もある。
　四段活用 →尊敬の補助動詞〔例〕思ひ**給ひ**き。（思い**なさっ**た）
　下二段活用 →謙譲の補助動詞〔例〕思ひ**給へ**き。（思っ**ておりまし**た）
②「**侍り**」「**候ふ**」が本動詞のとき →「あり・居り」の丁寧語の場合が多いが、謙譲語の場合もある。
③「**奉る**」が本動詞のとき →「与ふ」の謙譲語の場合が多いが、まれに「着る」「乗る」「食ふ・飲む」の尊敬語の場合もある。
④「参る」 →「行く・来」の謙譲語の場合が多いが、まれに「与ふ」の謙譲語や「食ふ・飲む」の尊敬語の場合もある。

②・③・④について、どの意味で読むかは文脈で判断する。

B 次の傍線部について、本動詞ならばイ、補助動詞ならばロと記せ。

① 酒をささげ奉る。
② 酒、よきものなど奉れり。
③ 神仏に申す。
④ 神仏に祈り申す。

①	②	③	④

C 次の傍線部の敬語の意味を、それぞれ後から選べ。

① 御ふみ奉る。
② 急ぎ立ちて狩衣（かりぎぬ）奉る。
③ 大納言殿に知らせ奉る。

イ 〜申し上げる
ロ さしあげる
ハ お召しになる

①	②	③

練習ドリル

解答・解説は別冊54ページから

1 次の傍線部の敬語の種類を、それぞれ後から選べ。

① 親王(みこ)、おほとのごもらで明かし給うてけり。

② (中宮が) 御裳(も)・唐(から)の御衣(みぞ)奉りながらおはしますぞいみじき。

③ ただ今の関白殿、三位の中将と聞こえけるとき、

④ やがてとどむる類(たぐひ)あまた侍りき。

⑤ 御堂(みだう)入道殿より大丸といふ笛をたまはりて、吹きけり。

⑥ 人々召(め)し出(い)でて、あるべきことども仰(おほ)せたまふ。

イ 尊敬

ロ 謙譲

ハ 丁寧

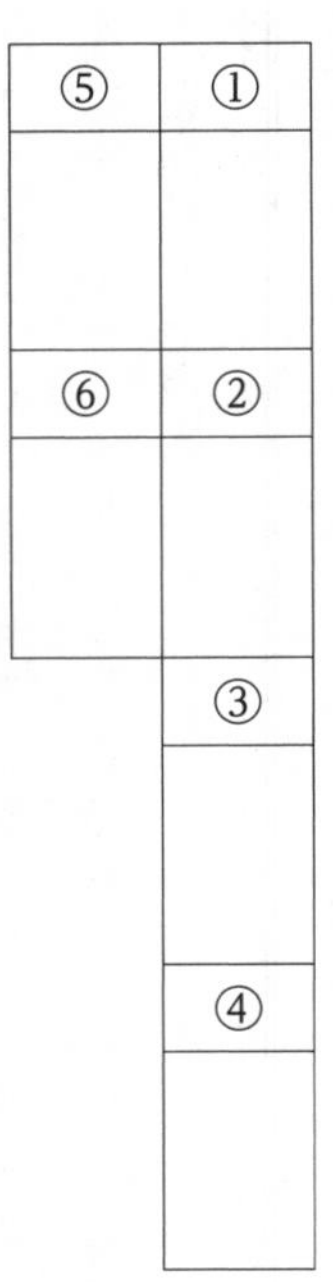

2 次の傍線部の敬語の終止形の訳を、それぞれ後から選べ。

① いかなる所にかこの木はさぶらひけむ。

② 頭中将(とうのちゆうじやう)和琴(わごん)たまはりて、はなやかにかきたてたるほど、

③ 御直垂(ひたたれ)を押し出(い)だしてたまはせけり。

④ 「格子(かうし)下ろしに人参れ」と仰せられけるに、

イ くださる

ロ あります

ハ いただく

ニ 参上する

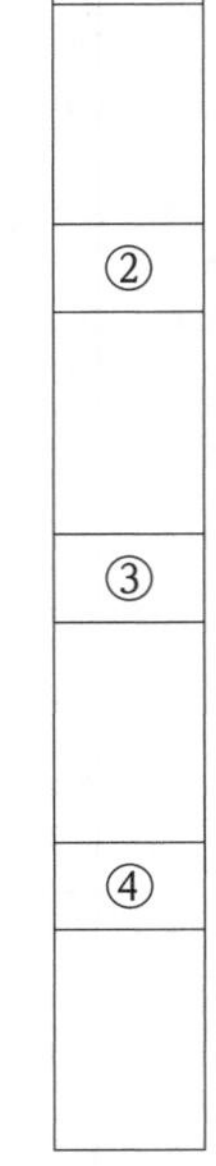

3 次の例文の傍線部「たまふ」について後の問いに答えよ。

(1) 活用の種類を後のイ・ロから選べ。またその活用形をそれぞれ答えよ。

① 「誰(た)が車ならむ。見知りたまへりや」

② いみじう感ぜさせ給ひて、大袿(おほうちぎ)たまひて、

③ 「主(あるじ)の娘ども多かりと聞きたまへて」

④ 人目も今はつつみたまはず泣きたまふ。

⑤ 「よきに奏したまへ」

イ 四段活用

ロ 下二段活用

	種類	活用形
①		形
②		形
③		形
④		形
⑤		形

(2) ①〜⑤の「たまふ」の中から本動詞を一つ選べ。

4 次の傍線部のうち、敬語の補助動詞をすべて選べ。

① 年ごろ思ひつること、果たしはべりぬ。

② (帝のもとには)「誰々(たれたれ)かはべる」と問ふこそ、をかしけれ。

③ いと、はばかり多くはべれど、このよし申し給へ。

④ 大御酒(おほみき)まゐり、御遊びなどし給ふ。

⑤ 臥(ふ)せさせたまへば、添ひ臥しまゐらせぬ。

⑥ 古代の御絵どもの侍る、まゐらせむ。

基本ドリルの解答

A ①ヘ ②ハ ③イ ④ニ ⑤ロ ⑥ホ

B ①ロ ②イ ③イ ④ロ

C ①ロ ②ハ ③イ

25 敬語法

◆敬意の出発点は語り手である。
◆語り手が敬意を表す相手は敬語の種類で区別できる。
◆「絶対敬語」と「二重敬語（最高敬語）」の用法に注意する。

ポイントA

敬意の方向

尊敬語＝語り手が動作の**為し手**（主語）に対して敬意を表す。
謙譲語＝語り手が動作の**受け手**（相手）に対して敬意を表す。
丁寧語＝語り手が**聞き手**に対して敬意を表す。

語り手とは地の文では作者、会話文では会話の主のこと。為し手とは主語のことで、「誰が・誰は」と訳せる人のこと。受け手とは主語以外の人で、「誰を・誰に」と訳せる人のこと。

ポイントB

一つの動作について敬語を重ねる用法

〔例〕「姫、帝に文**奉り**(a) **給ひ**(b) **侍り**(c)」と中納言、宮に申し給ふ。
（姫＝為し手、帝＝受け手、中納言＝語り手、宮＝聞き手）

aは謙譲で、語り手（中納言）が受け手（帝）に敬意を表している。
bは尊敬で、語り手（中納言）が為し手（姫）に敬意を表している。
cは丁寧で、語り手（中納言）が聞き手（宮）に敬意を表している。

並べる順番は必ず謙譲－尊敬－丁寧（K－S－T）の順である。

ポイントC

帝などに対する敬語

帝や中宮など特定の人にしか使われない敬語がある。 → **絶対敬語**

奏す（帝・上皇・法皇に申し上げる）
啓す（中宮・東宮に申し上げる）

帝など高貴な人を敬う時に、尊敬語を二つ重ねて用いることが多い。→**二重敬語（最高敬語）**

〔例〕宮の出でさせ給ふ。（尊敬の助動詞「させ」＋尊敬の補助動詞「給ふ」）

※ただし、会話文中では特に高貴な人の動作でなくても使う。

基本ドリル

A 次の傍線部の敬語は誰に敬意を表しているか。

① 源氏の中将、おはしましける。
② 大納言殿に申さばや。
③ 殿に「駿河に侍り」と申す。

①	②	③

B 次の傍線部の敬語は誰に敬意を表しているか。

殿おはして、若宮いだき出で奉り(a)給ふ(b)。

a	b

C ①「奏す」②「啓す」は誰に対して使われる敬語か。あてはまるものをすべて選べ。

イ 院（上皇・法皇）　ロ 皇后
ハ 東宮（皇太子）　ニ 中宮
ホ 帝

①	②

練習ドリル

解答・解説は別冊58ページから

1 次の傍線部の敬語について、Ⅰ敬語の種類を選び、Ⅱ誰から誰への敬意を表しているか、それぞれ記号で答えよ。

中納言（宮中に）①参りて座に居るや遅きと、大臣、「この花の庭に散りたるさまはいかが②見給ふ」とありければ、中納言、「げにおもしろう③候ふ」と申し給ふに、

Ⅰ　イ 尊敬　ロ 謙譲　ハ 丁寧

Ⅱ　a 中納言　b 大臣　c 帝　d 作者

	Ⅰ	Ⅱ
①		↓
②		↓
③		↓

2 次の傍線部の敬語は誰から誰への敬意を表しているか、それぞれ記号で答えよ。

近く使はるる人々、竹取の翁に告げていはく、「かぐや姫、例も月をあはれがり①たまへども、この頃となりては、ただごとにも②はべらざめり。いみじく③思し嘆くことあるべし。よくよく見④たてまつらせ⑤たまへ」

イ 近く使はるる人々　ロ 竹取の翁　ハ かぐや姫　ニ 作者

①	③	⑤
↓	↓	↓

②	④
↓	↓

基本ドリルの解答

A ①源氏の中将　②大納言殿　③殿

B a 若宮　b 殿

C ①イ・ホ　②ロ・ハ・ニ

26 「ぬ（ね）」の識別

◆打消と完了の「ぬ」を判別する。
◆下二段動詞「寝（ぬ）」とナ変動詞「死ぬ・往（い）ぬ」も含めて判別する。
◆「ぬ」と同様にして、「ね」も判別できるようにする。

ポイントA

「ぬ」には、次のものがある。

未然形 ＋ ぬ ＋ 連体形に接続する語 → 打消の助動詞「ず」の連体形

連用形 ＋ ぬ ＋ 終止形に接続する語 → 完了の助動詞「ぬ」の終止形

※①まずは、「ぬ」の上の活用形から考える。
②〔未然形と連用形が同じ形の語＋「ぬ」〕のときは、「ぬ」の下の語から判断するとよい。

〔例〕夜もすがら寝られ ぬ 日あり。

上の「られ」は未然形か連用形 ／ 下の「日」は体言 → 「ぬ」は連体形 → 打消

ポイントB

「ぬ」が文末にあるときは、**係り結びや副詞の呼応**に注意する。

文中に「**ぞ・なむ・や・か**」がある
文中に**疑問の副詞**（「いかに」など）がある
→ 文末の「ぬ」は連体形 → **打消**

下二段活用動詞「寝（ぬ）」や、**ナ行変格活用動詞「死ぬ」「往（い）（去）ぬ」**にも、引っかからないように注意しよう！

ぬ ＋ 終止形に接続する語 → **ナ行下二段活用動詞「寝（ぬ）」の終止形**

「寝る」という意味になることを確認する。

死ぬ・往（去）ぬ → **ナ変動詞の終止形の活用語尾**

「死ぬ」・「行ってしまう」という意味になることを確認する。

基本ドリル

A 次の傍線部「ぬ」について、打消の助動詞ならばイ、完了の助動詞ならばロと記せ。

① けふは、内裏（うち）に参りぬ。
② 内裏に参らぬ日あり。
③ 日も暮れぬべし。
④ 日ぞ暮れぬ。

①	②	③	④

B 次の傍線部「ぬ」の文法的説明として正しいものを選べ。

① おもしろき歌などもなむ覚えぬ。
② 寄りも来で過ぎて往ぬ。

イ 完了の助動詞　ロ 打消の助動詞
ハ ナ変動詞の活用語尾　ニ 下二段活用動詞

①	②

練習ドリル

解答・解説は別冊60ページから

1 次の［例］の二重傍線部「ぬ」と文法的に同じものを選べ。

［例］案内(あない)せさせて入り給ひぬ。

① 「若君の持ておはしつらむ（貝）は、など見えぬ」
② 「犬を蔵人(くらうど)二人して打ちたまふ。死ぬべし」
③ 送りに来つる人々、これより皆帰りぬ。
④ 院などにもえ参り侍(はべ)らぬなり。

2 次の［例］の二重傍線部「ね」と文法的に同じものを選べ。

［例］「はやう寝給ひね」

① 「水におぼれて死なば死ね」
② 「法華経(ほけきやう)と申すらむ物こそ、いまだ名をだにも聞き候はね」
③ 立ち帰り、うちやすみたまへど、ねられず。
④ 「とくとくおのおの漕(こ)ぎ戻りね」

3 次の傍線部を、解答例にならって文法的に説明せよ。

（解答例）花咲かむ。→ 推量の助動詞「む」の終止形

① 「我はこの皇子(みこ)に負けぬべし」と胸つぶれて思ひけり。
② わが待たぬ年は来(き)ぬれど冬草のかれにし人はおとづれもせず
③ 「早う立ちね、立ちね」とのたまへば、男這(は)ふ這ふ立ちて去りぬ。
④ 八重葎(やへむぐら)しげれる宿のさびしきに人こそ見えね秋は来(き)にけり

①	②	③	④

基本ドリルの解答

A ①ロ ②イ ③ロ ④イ
B ①ロ ②ハ

27 「る・れ」の識別

◆自発・可能・受身・尊敬の「る」と完了・存続の「り」を判別する。
◆活用語の一部の「る・れ」もあるので単語の切れ目に注意する。

ポイントA

「る・れ」には次のものがある。まず「る・れ」のすぐ上の一字の音を見て判断する。

ア段音 +（る / れ）→ **自発・可能・受身・尊敬**の助動詞「る」

※〈自発・可能・受身・尊敬〉の助動詞「る」は四段・ナ変・ラ変動詞の未然形に接続するので、すぐ上の一字の音がア段音になる。

［例］文、書か**る**。（ア段音）

エ段音 +（る / れ）→ **完了・存続**の助動詞「り」

※〈完了〉の助動詞「り」は、四段活用動詞の已然形かサ変動詞の未然形に接続するので、すぐ上の一字の音がエ段音になる。

［例］文、書け**る**時。（エ段音）

ウ段音 +（る / れ）→ 活用語の一部

※上二段・下二段活用動詞の一部や、助動詞の一部などが多い。

［例］文、受(う)く**る**時。　歌、詠まる**る**時。（ウ段音）

ポイントB

「る・れ」がア段音に続くときは、自発・可能・受身・尊敬の意味を区別することを忘れないこと。（→11助動詞（五）「る」「らる」参照）

基本ドリル

A 次の傍線部の文法的説明として正しいものを選べ。

① 今は死なれず。
② 年月の過ぐるを悔(く)ゆ。
③ 学問せる人なり。
④ 足を狐(きつね)に食はる。

イ 自発・可能・受身・尊敬の助動詞　ロ 完了・存続の助動詞　ハ 動詞の一部

①	②	③	④

B 次の傍線部の文法的説明として正しいものを選べ。

① 物に襲はる。
② 小さき童(わらは)を先に立てて、人ぞ立てる。
③ 抜かんとするに、おほかた抜かれず。
④ 妹(いも)のことのみ思はる。

イ 自発の助動詞　ロ 可能の助動詞
ハ 受身の助動詞　ニ 尊敬の助動詞
ホ 完了・存続の助動詞

①	②	③	④

練習ドリル

解答・解説は別冊62ページから

1 次の傍線部の文法的説明として正しいものを、それぞれ後から選べ。

① 夜も明けければ、大将いとま申して、福原へこそ帰られけれ。

② もの暗うなりて、文字も書かれずなりにたり。

③ 思ふ人の、人にほめらるるは、いみじううれしき。

④ 秋来ぬと目にはさやかに見えねども風の音にぞ驚かれぬる

⑤ まろあれば、さやうのものにはおどされじ。

⑥ 袖ひちてむすびし水のこほれるを春立つ今日の風やとくらむ

イ 完了・存続の助動詞　ロ 自発の助動詞
ハ 可能の助動詞　ニ 受身の助動詞
ホ 尊敬の助動詞　ヘ 活用語の一部

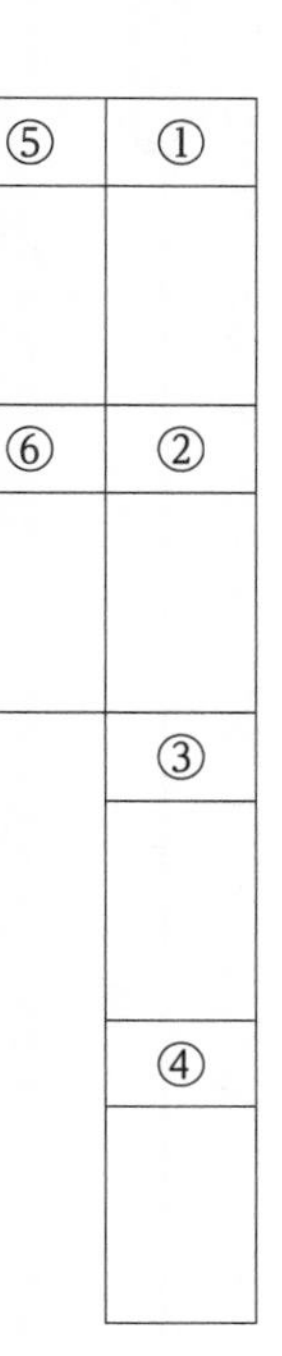

2 次の例文の二重傍線部と文法的意味が同じものを、それぞれ後から選べ。

① 昔より賢き人の富めるはまれなり。

② 世は憂きものなりけりと思し知らる。

イ 硯に髪の入りてすられたる。
ロ かの大納言、いづれの船にか乗らるべき。
ハ 悲しくて、人知れずうち泣かれぬ。
ニ 道知れる人もなくて、惑ひ行きけり。
ホ 家のつくりやうは、夏をむねとすべし。冬はいかなる所にも住まる。

①　②

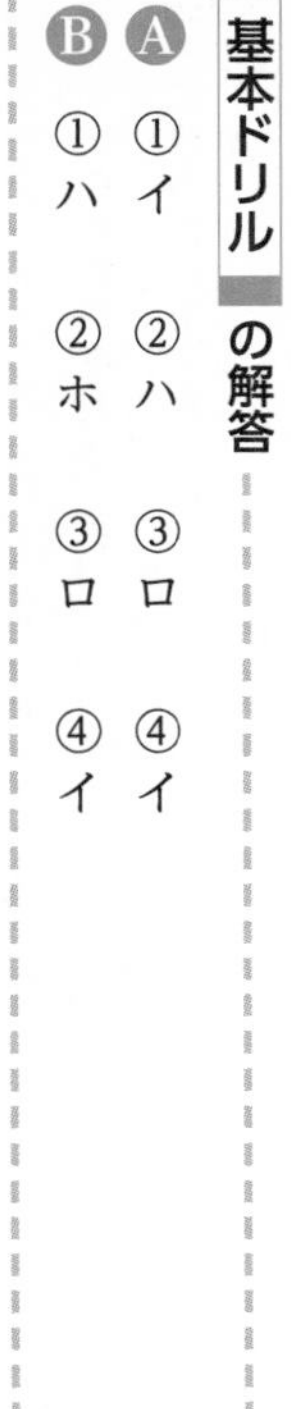
基本ドリルの解答

A ①イ ②ハ ③ロ ④イ
B ①ハ ②ホ ③ロ ④イ

28 「なり」の識別

◆伝聞推定と断定の助動詞を見分ける。
◆形容動詞と動詞も含めて判別する。

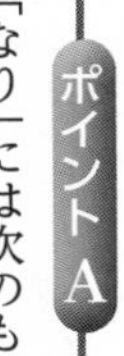

ポイントA

「なり」には次のものがある。まず「なり」のすぐ上の語の品詞と活用形を見て判断する。

上の語		「なり」の識別
終止形	＋ **なり**	→ **伝聞推定**の助動詞
体言・連体形	＋ **なり**	→ **断定**の助動詞
ものの性質・状態	＋ **なり**	→ **形容動詞**の活用語尾
〜に・〜と・連用形	＋ **なり**	→ **ラ行四段動詞**「なる」の連用形

※伝聞推定の助動詞「なり」は、ラ変型の活用語には連体形に接続するので要注意。（↓16助動詞（十）「なり」「なり」ポイントA参照）

「伝聞」と「推定」を区別する必要がある場合
伝聞＝人の話やうわさ、故事などによって判断する。
推定＝人の声や音などによって判断する。

※断定の助動詞「なり」は、副詞の「さ・しか」や助詞の「ば・のみ・ばかり」などにつくこともある。

「〜げなり・〜やかなり・〜らかなり」の「なり」は形容動詞の活用語尾である。

※ラ行四段動詞「なる」は上記以外のものにもつくが、必ず状態が変化する「（〜に）なる」という意味を持つ。

基本ドリル

A I 太字に注意して、傍線部を文法的に分類せよ。

① 男も**す**なる[a]日記といふものを女もしてみんとて**する**なり[b]。
② すずろに過ぎ**ぬる**なり[c]けり。
③ なでしこの**あはれげ**なる[d]枝ども取りもて参る。

イ 伝聞推定の助動詞　ロ 断定の助動詞
ハ 形容動詞の活用語尾

イ	ロ	ハ

A II 次の傍線部の品詞を選べ。（太字は動詞「なる」）

① 子と**なり**給ふべき人なめり。
② 丈(たけ)は軒(のき)と等しく**なり**にき。
③ 大学寮に行かず**なり**ぬ。
④ 東大寺の学生(がくしやう)に**なら**ざりけり。

イ 助詞　ロ 動詞　ハ 形容詞
ニ 助動詞

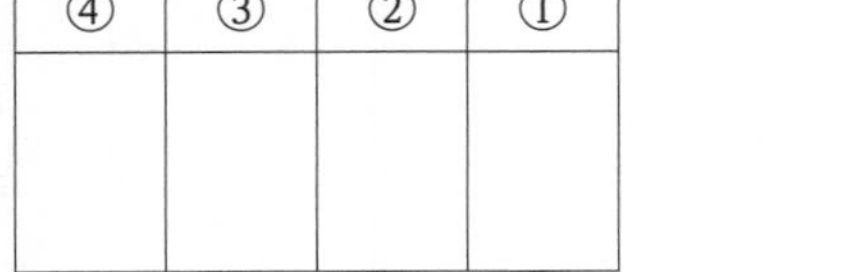

①	②	③	④

練習ドリル

解答・解説は別冊64ページから

1 次の傍線部の助動詞「なり」を、伝聞推定と断定とに分類せよ。

① さては、扇のにはあらで、くらげのななり。

② 吹く風の色の千種(ちくさ)に見えつるは秋の木の葉の散ればなりけり

③ 人々あまた声して来なり。

④ また聞けば、侍従の大納言の御女(むすめ)亡(な)くなりたまひぬなり。

⑤ 良正(よしまさ)は運なくして、つひに負くるなり。

⑥ この吹く風はよき方(かた)の風なり。

⑦ 笛をいとをかしく吹き澄(す)まして過ぎぬなり。

伝聞推定	
断定	

2 次の傍線部の文法的説明として正しいものを、それぞれ後から選べ。

① 「今は心にまかせて、野山にも入り、法師にもなりなむ」

② 天(あま)の原ふりさけ見れば春日(かすが)なる三笠(みかさ)の山にいでし月かも

③ 親に物思はする。重き罪にてもあんなり。

④ あはれなりつること、忍びやかに奏す。

⑤ よろづにその道を知れるものはやんごとなきものなり。

⑥ 妻戸(つまど)をやはら、かい放つ音すなり。

イ 断定の助動詞　ロ 存在の助動詞
ハ 伝聞の助動詞　ニ 推定の助動詞
ホ 動詞　ヘ 形容動詞の活用語尾

①	②	③	④	⑤	⑥

基本ドリルの解答

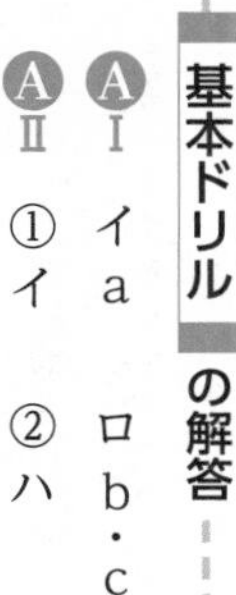

A I　イ a　ロ b・c　ハ d

A II　①イ　②ハ　③ニ　④イ

29 「なむ」の識別

◆終助詞・係助詞・助動詞＋助動詞の三つの「なむ」を見分ける。
◆動詞の一部と助動詞の組合せも含めて判別する。

ポイントA

「なむ」には次のものがある。まず「なむ」のすぐ上の品詞と活用形を見て判断する。

未然形 ＋ **なむ。**
願望の**終助詞**

※終助詞「なむ」は文末にしかこない。

連用形 ＋ **なむ**
完了の**助動詞**「ぬ」の未然形
推量の**助動詞**「む」

※完了の助動詞「ぬ」の未然形に推量の助動詞「む」がついたものなので、それぞれの助動詞の意味用法も考えること。（→8助動詞(二)「ぬ」、13助動詞(七)「む」参照）

連体形／体言／副詞／助詞 ＋ **なむ**（……**連体形**。）
強意の**係助詞**

※形容詞の連用形「〜く」、形容動詞の連用形「〜に」、助動詞の連用形「ず・べく」などに接続する「なむ」も強意の係助詞である。

ナ変動詞の未然形の活用語尾
死**なむ**
推量の**助動詞**「む」

※ナ変動詞は「死ぬ」「往ぬ（去ぬ）」の二つしかない。特に平仮名書きのときは気をつけること。

「なむ」は「なん」と表記されることもあるので注意すること。

基本ドリル

A Ⅰ 次の太字（動詞）の活用形を記し、傍線部の「なむ」の文法的説明を後から選べ。

① かの山に宝**あり**なむ。
② 花の**咲く**なむ待たるる。
③ 泣く涙、雨と**降ら**なむ。

イ 願望の終助詞
ロ 完了の助動詞と推量の助動詞
ハ 強意の係助詞

①	②	③
形	形	形

A Ⅱ 次の例文の傍線部a・bのうち、係助詞はどちらか。

① a 美しかりなむ。 b 美しくなむ。
② a 静かになむ。 b 静かなりなむ。
③ a 言はざりなむ。 b 言はずなむ。

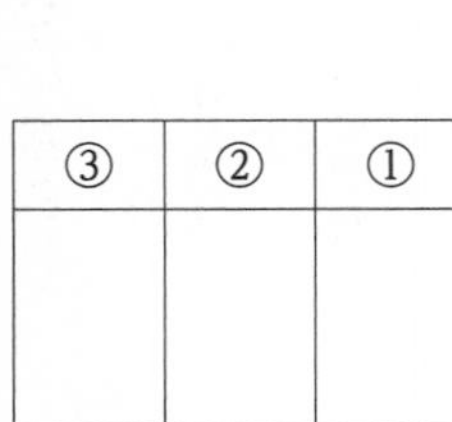
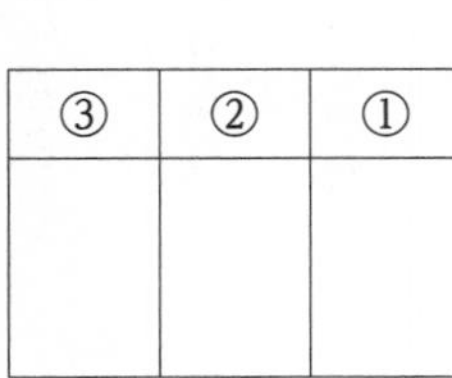

①	②	③

練習ドリル

解答・解説は別冊66ページから

1 次の傍線部「なむ」の文法的説明として正しいものを、それぞれ後から選べ。

① 小倉山峯のもみぢ葉心あらばいまひとたびの御幸待たなむ

② おのが思ひはこの雪のごとくなむ積もれる。

③ 願はくは花のもとにて春死なむその如月の望月のころ

④ かばかりになりては、飛び下るとも下りなむ。

⑤ かの住み給ふなる所はいみじう荒れて、心細げになむ侍るなる。

⑥ 橋を八つわたせるによりてなむ、八橋といひける。

イ 完了の助動詞と推量の助動詞

ロ 強意の係助詞

ハ 願望の終助詞

ニ 動詞の活用語尾と推量の助動詞

①	②	③	④	⑤	⑥

2 次の傍線部「なむ」を、解答例にならって文法的に説明せよ。

（解答例）起き出でて去なむとす。

→ 動詞の活用語尾と意志の助動詞

① 氷解けなむ時に（魚を）取れかし。

② もと光る竹なむ一筋ありける。

③ 今年より春知りそむる桜花散るといふことはならはざらなむ

①	②	③

基本ドリルの解答

A I ① 連用・ロ ② 連体・ハ ③ 未然・イ

A II ① b ② a ③ b

30 「に」の識別

◆「に」は、種類が多いので識別に注意する。

ポイントA

「に」では次の三つの識別が特に大切である。「に」の上の品詞と活用形を確認すること。

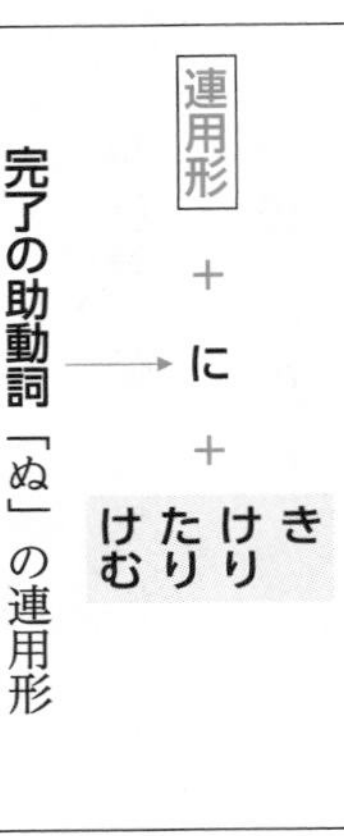

※完了の助動詞のときは、下に連用形接続の助動詞「き・けり・たり・けむ」がある。

体言／連体形 ＋ に ＋（助詞＋） あり／おはす／おはします／侍り／候ふ
→ **断定の助動詞**「なり」の連用形

※訳したときに「である」「でいらっしゃる」「であります」の「で」にあたる。

※「あり」などが省略されることもある。

※右以外の場合でも、「**体言＋に＋て**」の形で「であって」と訳せるときの「に」は断定の助動詞である。

ものの性質・状態 ＋ に
→ **形容動詞**の連用形の活用語尾

※「**〜げに・〜やかに・〜らかに**」の「に」は、形容動詞の活用語尾である。

基本ドリル

A 傍線部の文法的説明として正しいものを、太字に注意して、それぞれ後から選べ。

① **はなやか**にうれしげなるこそあはれなれ。

② 皆白妙（しろたへ）に**なり**にけり。

③ いかなる**をり**にかあらむ、文ぞある。

④ わればかりかく**思ふ**にやあらん。

⑤ 親たちは早く失（う）せ**給（たま）ひ**にき。

イ 完了の助動詞の連用形

ロ 断定の助動詞の連用形

ハ 形容動詞の連用形の活用語尾

①	②	③	④	⑤

ポイントB

「に」には次のものもある。すぐ上の品詞と活用形を確認すること。

体言 ＋ **に** → **格助詞**	※「に」の上に**体言**（時・こと・人など）が補えるときは、連体形に接続していても格助詞である。 〔例〕花の咲く（時）**に**、来（こ）む。
連体形 ＋ **に、** → **接続助詞**	※接続助詞「に」の訳（**～ので・～から・～したところ・～すると・～けれども**）を当てはめてみる。
副詞の一部	※頻出の副詞は覚えておこう。 〔例〕**さらに・げに・いかに・ことに**
動詞（の一部）	※ナ変動詞・ナ行上一段活用動詞などがある。 〔例〕死**に**けり。往（い）**に**けり。**似**（に）けり。 （死・往＝ナ変動詞、似＝ナ行上一段動詞）

B 次の傍線部「に」の文法的説明として正しいものを、それぞれ後から選べ。

① 女待つに、男来ず。

② 往なば、女いかにおぼゆらむ。

③ 昔、女都に住みけり。

④ わづらひて、女死にたり。

イ 格助詞

ロ 接続助詞

ハ 副詞の一部

ニ 動詞の一部

①	②	③	④

練習ドリル

解答・解説は別冊68ページから

1 次の傍線部「に」を、格助詞と断定の助動詞とに分類せよ。

① おのが身は、この国の人にもあらず。月の都の人なり。
② いかなる所にかこの木はさぶらひけむ。
③ かくて都にあるならば、また憂(う)き目をも見むずらむ。
④ 殿上の男(をのこ)ども、花見むとて、東山におはしたりけるに、
⑤ このおとどは、長良(ながら)の中納言の三郎におはす。

格助詞	
断定の助動詞	

2 次の傍線部「に」の中で、他の品詞と異なるものを一つ選べ。

① なほ、守(かみ)の館(たち)にて、あるじし、ののしりて、郎等(らうだう)までにものかづけたり。
② 忠盛(ただもり)三十六にて、始めて昇殿す。
③ この殿は御馬にて、帥殿(そちどの)は車にて参りたまふに、
④ 古き人にてかやうのこと知れる人になむ侍りける。

[ ]

3 次の傍線部「に」の文法的説明として正しいものを、それぞれ後から選べ。

① 汝達(なむぢたち)らが賢き思ひに、我、よに劣らじ。
② み吉野は山もかすみて白雪のふりにし里に春は来(き)にけり
③ 月見れば千々(ちぢ)にものこそかなしけれわが身一つの秋にはあらねど
④ 井(ゐ)にあやまちて落ち入りて死にけり。
⑤ 大将の君は、二条院にだに、あからさまにも渡り給はず。
⑥ 世に語り伝ふること、まことはあいなきにや、多くはみな虚言(そらごと)なり。
⑦ 朝ごと夕ごとに見る竹の中におはするにて知りぬ。
⑧ 声はをさなげにて、文(ふみ)読みたる、いとうつくし。
⑨ 久しう見給はざりつるに、山の紅葉(もみぢ)も珍しうおぼゆ。
⑩ 姫君はさらに物ものたまはず。

イ 完了の助動詞「ぬ」の連用形
ロ 断定の助動詞「なり」の連用形
ハ 形容動詞の連用形の活用語尾
ニ 格助詞
ホ 接続助詞
ヘ 副詞の一部
ト 動詞の一部

①	②	③	④

⑤	⑥	⑦	⑧

⑨	⑩

4 次の傍線部を現代語訳せよ。

① (鬼が一寸法師を) 口より呑(の)み候へば、目の中(うち)より出(い)でにけり。
② 「これは龍(たつ)のしわざにこそありけれ」
③ 十月(かみなづき)つごもりなるに、紅葉散らで盛りなり。

①	②	③

基本ドリルの解答

A ①ハ ②イ ③ロ ④ロ ⑤イ
B ①ロ ②ハ ③イ ④ニ

五十音図

ワ	ラ	ヤ	マ	ハ	ナ	タ	サ	カ	ア	行／段
わ	ら	や	ま	は	な	た	さ	か	あ	ア
ゐ	り	い	み	ひ	に	ち	し	き	い	イ
う	る	ゆ	む	ふ	ぬ	つ	す	く	う	ウ
ゑ	れ	え	め	へ	ね	て	せ	け	え	エ
を	ろ	よ	も	ほ	の	と	そ	こ	お	オ

※ガ・ザ・ダ・バ行にも注意する。

十二支

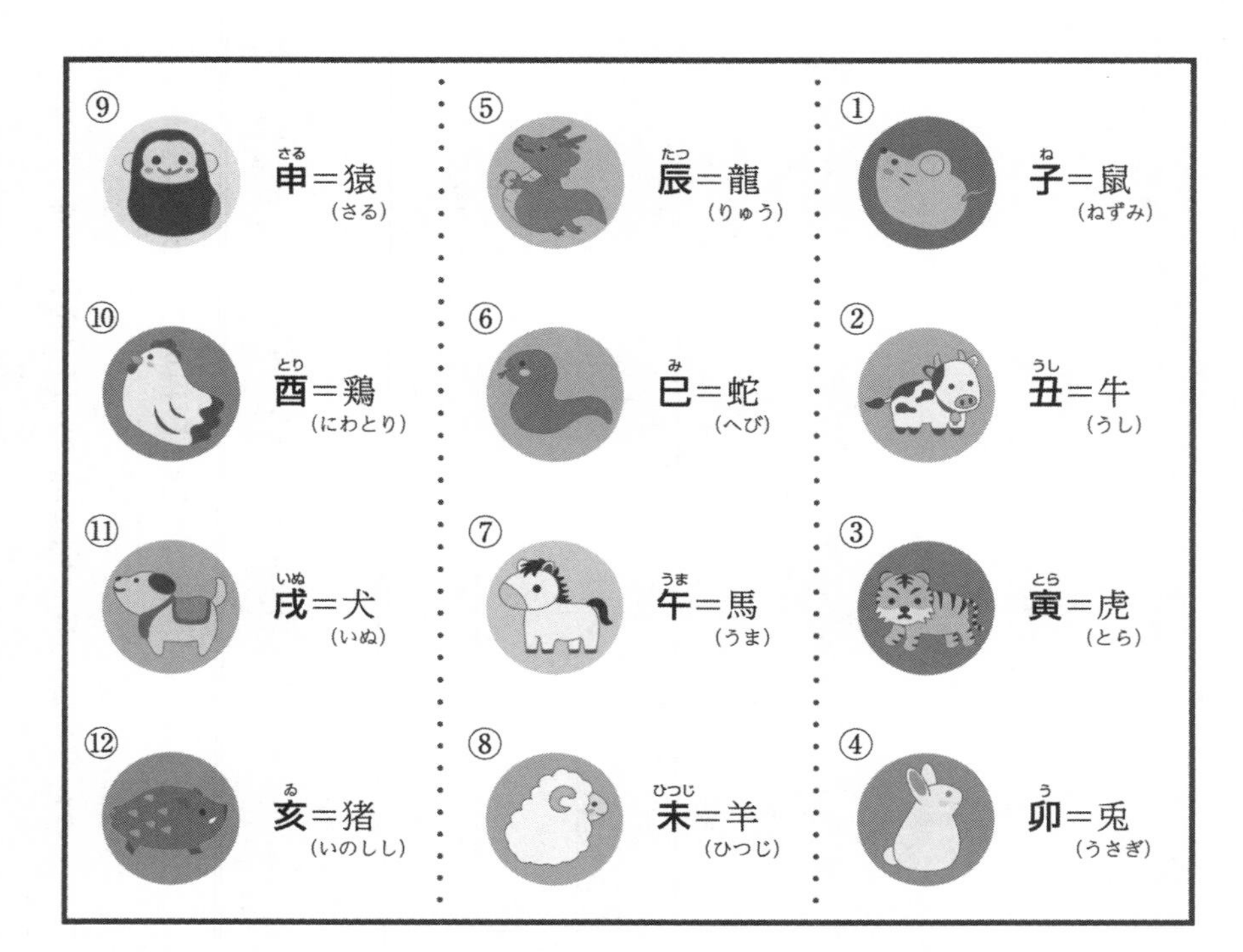

品詞分類表

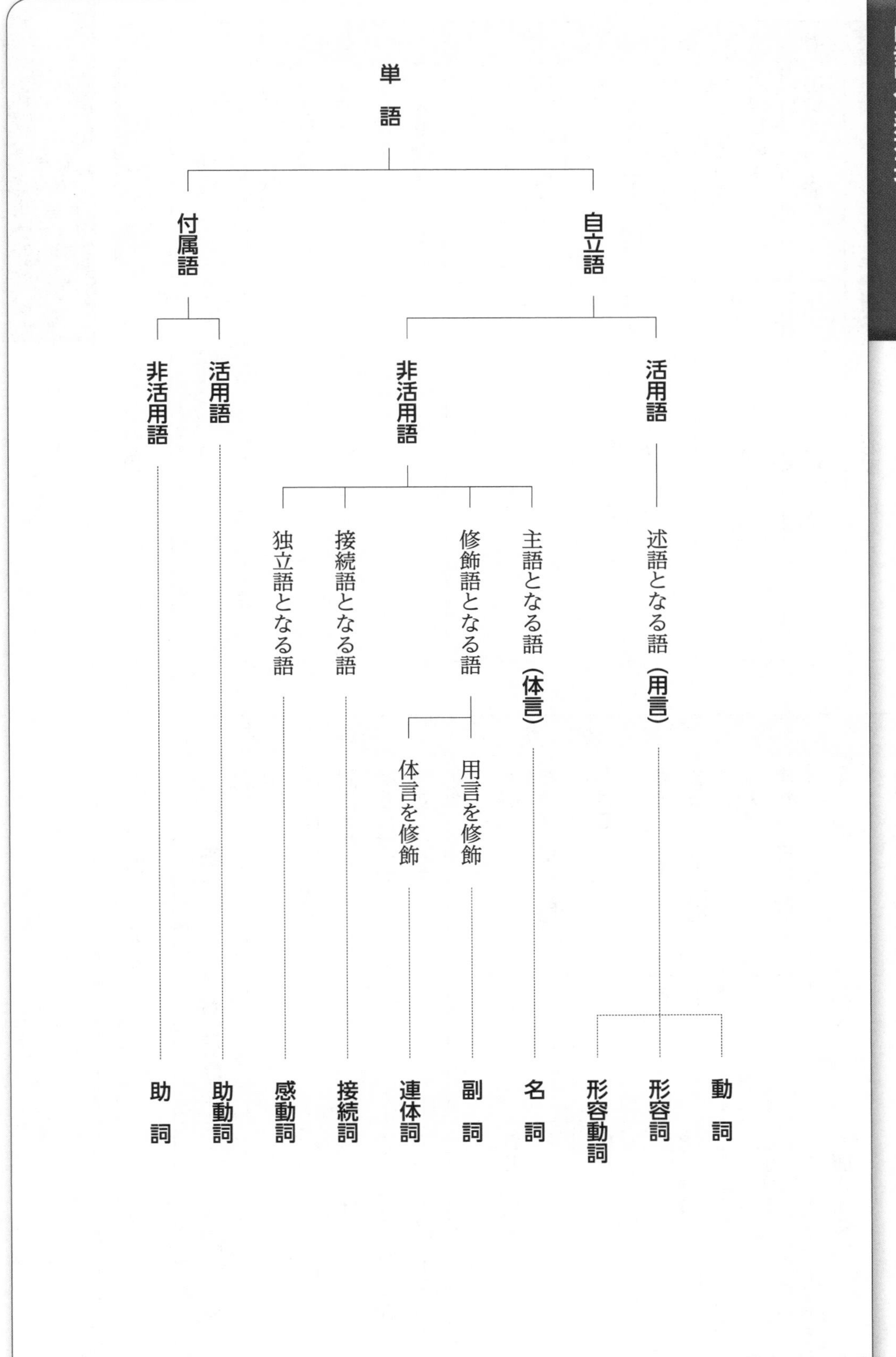

単語
自立語
付属語
活用語
非活用語
活用語
非活用語
述語となる語（用言）
主語となる語（体言）
修飾語となる語
接続語となる語
独立語となる語
用言を修飾
体言を修飾
動詞
形容詞
形容動詞
名詞
副詞
連体詞
接続詞
感動詞
助動詞
助詞

重要敬語一覧

敬語（本動詞）

㊟ 動詞の活用の種類が書かれていないものはすべて〔四段活用〕である。

尊敬語 動詞	もとの動詞	訳
おはす〔サ変〕 おはします ます まします いますかり〔ラ変〕	あり 行く・来	いらっしゃる
宣ふ のたまはす〔下二段〕 仰す〔下二段〕	言ふ	おっしゃる
給ふ たまはす〔下二段〕 たぶ（たうぶ）	与ふ	お与えになる くださる
思す（思ほす） おぼしめす	思ふ	お思いになる
御覧ず〔サ変〕	見る	御覧になる
きこしめす	聞く…… 食ふ・飲む……	お聞きになる 召し上がる

謙譲語 動詞	もとの動詞	訳
申す 聞こゆ〔下二段〕 聞こえさす〔下二段〕 奏す〔サ変〕…… 啓す〔サ変〕……	言ふ	申し上げる （帝・院に）申し上げる （中宮・東宮に）申し上げる
奉る 参る 参らす〔下二段〕	与ふ	さしあげる
賜はる	受く	いただく
参る まうづ〔下二段〕	行く 来	参上する
まかる まかづ〔下二段〕	行く	退出する
承る	聞く	お聞きする
つか（う）まつる	す	し申し上げる

あそばす	す	なさる
大殿籠る（おほとのごもる）	寝（ぬ）	おやすみになる
しろしめす	知る…… 知る（領る）……	知っていらっしゃる お治めになる
召す（めす）	呼ぶ	お呼びになる・取りよせなさる
奉る（たてまつる）	着る…… 乗る…… 食ふ・飲む……	お召しになる お乗りになる 召し上がる
参る（まゐる）	食ふ・飲む	召し上がる

丁寧語		
侍り（はべり）〔ラ変〕 **候ふ**（さぶらふ）（さうらふ）	居り（をり）…… あり……	お仕えする おそばにある
侍り（はべり）〔ラ変〕 **候ふ**（さぶらふ）（さうらふ）	あり	あります・います

敬語（補助動詞）

尊敬語

- **おはす**
- **おはします**
- **ます**
- **ましますす**

→（〜で）いらっしゃる

- **給ふ**〔四段〕
- **たぶ**（たうぶ）

→ 〜なさる／お〜になる／〜ていらっしゃる／〜てくださる

謙譲語

- **申す**
- **聞こゆ**
- **聞こえさす**
- **参らす**
- **奉る**

→ 〜申し上げる／お〜する／〜てさしあげる

- **給ふ**〔下二段〕

→ 〜ます／〜ております

丁寧語

- **侍り**
- **候ふ**

→ 〜ます・〜です／（〜て）います／ございます

助詞一覧表

接続	格助詞	意味用法
種々の語につくが、だいたい連体形か体言の下にくる。	がの	**主格**（が） **連体修飾格**（の） **同格**（で） **準体格**（のもの） **連用修飾格**（のように）
	を	**対象**・起点・相手・経由（を）
	に	時・場所・帰着点・結果・相手・目的・強意・状態（に） **敬主格**（におかれては）
	へ	**目標**・方向（へ）
	と	**引用**・共同・結果・比較の基準・並列・**強意**（と） **比喩**（のように）
	して	**手段**（で） **使役**（に命じて） **共同の動作者**（と一緒に）
	にて	**場所・時・手段・材料・原因・理由**（で） **資格・状態**（として）
	より	基準・起点（より） **経由**（を通って） **手段方法**（で）

接続	接続助詞	意味用法
已然形	ば	**順接確定条件**（ので・から）（したところ・すると）
未然形		**順接仮定条件**（もし…ならば）
終止形・形容詞型語の連用形	とも	**逆接仮定条件**（たとえ…としても）
已然形	ど ども	**逆接確定条件**（けれども）
連体形	が に を	**順接確定条件**（ので・から）（したところ・すると） **逆接確定条件**（のに・けれども）
連体形	ものから ものの ものゆゑ ものを	**逆接確定条件**（のに・けれども）
連用形	て	**単純接続**（て）
連用形	して	**単純接続**（て）
未然形	で	**打消接続**（ないで）

接続	終助詞	意味用法
文末・「ぞ」	かし	**念を押す強意**（よ）
文末	な	**禁止**（な） **詠嘆**（なあ）
未然形		**希望**（たい）
連用形・カ変サ変の未然形	そ	**禁止**（てはいけない・てくれるな）
未然形	ばや	**希望**（たい・たいものだなあ）
連用形	しが しがな にしが **にしがな** てしが **てしがな**	
未然形	なむ ［なん］	**願望**（てほしい・てもらいたい）
体言・助詞	がな	**願望**（があればなあ・であればなあ）
体言・形容詞の連用形など	もがな	

接続	助詞	意味用法
		即時（とすぐに・やいなや） 原因理由（によって）
	から	原因理由（によって） 起点（から）

接続	助詞	意味用法
連用形	つつ	**反復**（…しては…して） **継続**（ずっと…しつづけて） **同時**（ながら）
連用形・形容詞の語幹・**体言**	**ながら**	**同時**（ままで） **逆接**（のに）
連体形	からに	**同時**（につれて）

接続	助詞	意味用法
体言・連体形	**かな** かも も **は** か	**詠嘆**（なあ）
文末。間に割り込むこともある。	**を** **や** **よ**	**詠嘆**（なあ）・**整調**

接続	係助詞	意味用法
種々の語の下へ割り込んでくる性質を持つが、だいたい体言か、連体形の下にくる。	**は**	**区別**（は） **強意**
	も	**並列**（も） **強意**
	ぞ **なむ** 〔なん〕	**強意**
	や **か**	**疑問**（か） **反語**（か、いや、…ない） 並列（や）
	こそ	**強意**

接続	副助詞	意味用法
種々の語の下へ割り込んでくる性質を持つが、だいたい体言か、連体形の下にくる。	**し**	**強意**
	だに	**類推**（さえ） **限定**（せめて…だけでも）
	すら	**類推**（さえ）
	さへ	**添加**（までも）
	のみ	**限定**（だけ） **強意**
	ばかり **まで**	**限定**（だけ・まで） **程度**（ぐらい）
	など	**例示**（など）

助動詞一覧表

	接続	助動詞	未然形	連用形	終止形	連体形	已然形	命令形	活用型	意味
1	未然形	**る**	れ	れ	る	るる	るれ	れよ	下二段型	①自発(自然と～れる。～せずにはいられない) ②可能(～できる) ③受身(～れる。～られる) ④尊敬(お～になる。～なさる)
2	未然形	**らる**	られ	られ	らる	らるる	らるれ	られよ	下二段型	①自発(自然と～れる。～せずにはいられない) ②可能(～できる) ③受身(～れる。～られる) ④尊敬(お～になる。～なさる)
3	未然形	**す**	せ	せ	す	する	すれ	せよ	下二段型	①使役(～せる。～させる) ②尊敬(お～になる。～なさる)
4	未然形	**さす**	させ	させ	さす	さする	さすれ	させよ	下二段型	①使役(～せる。～させる) ②尊敬(お～になる。～なさる)
5	未然形	**しむ**	しめ	しめ	しむ	しむる	しむれ	しめよ	下二段型	①使役(～せる。～させる) ②尊敬(お～になる。～なさる)
6	未然形	**ず**	(ず) ざら	ず ざり	ず ○	ぬ ざる	ね ざれ	○ ざれ	特殊型	打消(～ない)
7	未然形	**じ**	○	○	じ	じ	じ	○	無変化型	①打消推量(～ないだろう) ②打消意志(～まい。～ないつもりだ)
8	未然形	**む**	○	○	む [ん]	む [ん]	め	○	四段型	①推量(～だろう) ②意志(～よう。～たい) ③婉曲・仮定(～ような。～としたら) ④適当・勧誘(～ほうがよい。～てはどうか)
9	未然形	**むず**	○	○	むず [んず]	むずる [んずる]	むずれ [んずれ]	○	サ変型	①推量(～だろう) ②意志(～よう。～たい)
10	未然形	**まし**	(ませ) ましか	○	まし	まし	ましか	○	特殊型	①反実仮想(もし～たならば、～ただろうに) ②ためらいを含む意志(～しようかしら)
11	未然形	**まほし**	(まほしく) まほしから	まほしく まほしかり	まほし ○	まほしき まほしかる	まほしけれ ○	○	形容詞型	希望(～たい)
12		**き**	(せ)	○	き	し	しか	○	特殊型	過去(～た)
13		**けり**	(けら)	○	けり	ける	けれ	○	ラ変型	①過去(～た) ②詠嘆(～なあ)

※ **「る」・「す」は四段・ラ変・ナ変の未然形に、「らる」・「さす」はそれ以外の未然形に接続する。**

接続	番号	基本形							活用の型	意味
連用形	14	**つ**	て	て	つ	つる	つれ	てよ	下二段型	①完了（〜てしまう。〜てしまった。〜た）②強意（きっと〜。必ず〜）
	15	**ぬ**	な	に	ぬ	ぬる	ぬれ	ね	ナ変型	
	16	**たり**	たら	たり	たり	たる	たれ	たれ	ラ変型	①完了（〜てしまう。〜てしまった。〜た）②存続（〜ている。〜ていた。〜てある。〜てあった）
	17	**けむ**	○	○	けむ［けん］	けむ［けん］	けめ	○	四段型	①過去推量（〜ただろう）②過去の原因推量（〜たのだろう。［〜だから］〜たのだろう）③過去の伝聞・婉曲（〜たとかいう。〜たような）
	18	**たし**	（たく） たから	たく たかり	たし ○	たき たかる	○ たけれ	○	形容詞型	希望（〜たい）
終止形（※ラ変型活用語には、連体形につく）	19	**べし**	（べく） べから	べく べかり	べし ○	べき べかる	○ べけれ	○		①当然（〜はずだ）②推量（〜だろう。〜そうだ）③意志（〜よう）④可能（〜できる）⑤適当（〜ほうがよい）⑥命令（〜せよ）
	20	**らむ**	○	○	らむ［らん］	らむ［らん］	らめ	○	四段型	①現在推量（〜ているだろう）②現在の原因推量（〜ているのだろう［か］）③現在の伝聞・婉曲（〜ているとかいう。〜ているような）
	21	**らし**	○	○	らし	らし	らし	○	無変化型	（根拠のある）推定（〜らしい）
	22	**めり**	○	（めり）	めり	める	めれ	○	ラ変型	①推定（〜ようだ）②婉曲（〜ようだ）
	23	**まじ**	（まじく） まじから	まじく まじかり	まじ ○	まじき まじかる	○ まじけれ	○	形容詞型	①打消当然（〜はずがない）②打消推量（〜ないだろう）③打消意志（〜まい）④不可能（〜できない）⑤不適当（〜ないほうがよい）⑥禁止（〜するな）
	24	**なり**	○	（なり）	なり	なる	なれ	○	ラ変型	①伝聞（〜とかいう。〜そうだ）②推定（〜ようだ。〜が聞こえる）
体言 連体形	25	**なり**	なら	なり に	なり	なる	なれ	なれ	形容動詞型	①断定（〜である）②存在（〜にある。〜にいる）
体言	26	**たり**	たら	たり と	たり	たる	たれ	たれ		断定（〜である）
サ変の未然形 四段の已然形	27	**り**	ら	り	り	る	れ	れ	ラ変型	①完了（〜しまう。〜てしまった。〜た）②存続（〜ている。〜ていた。〜てある。〜てあった）
体言・連体形 助詞（の・が）	28	**ごとし**	（ごとく）	ごとく	ごとし	ごとき	○	○	形容詞型	①比況（〜のようだ）②例示（〜のような）

※ラ変型活用語とは、ラ変動詞（「あり」「をり」「はべり」）、形容詞（カリ系列）、形容動詞、および上の三つの型の助動詞（「けり」「たり」「り」「べし」「まじ」「まほし」「なり」「ず」）などである。

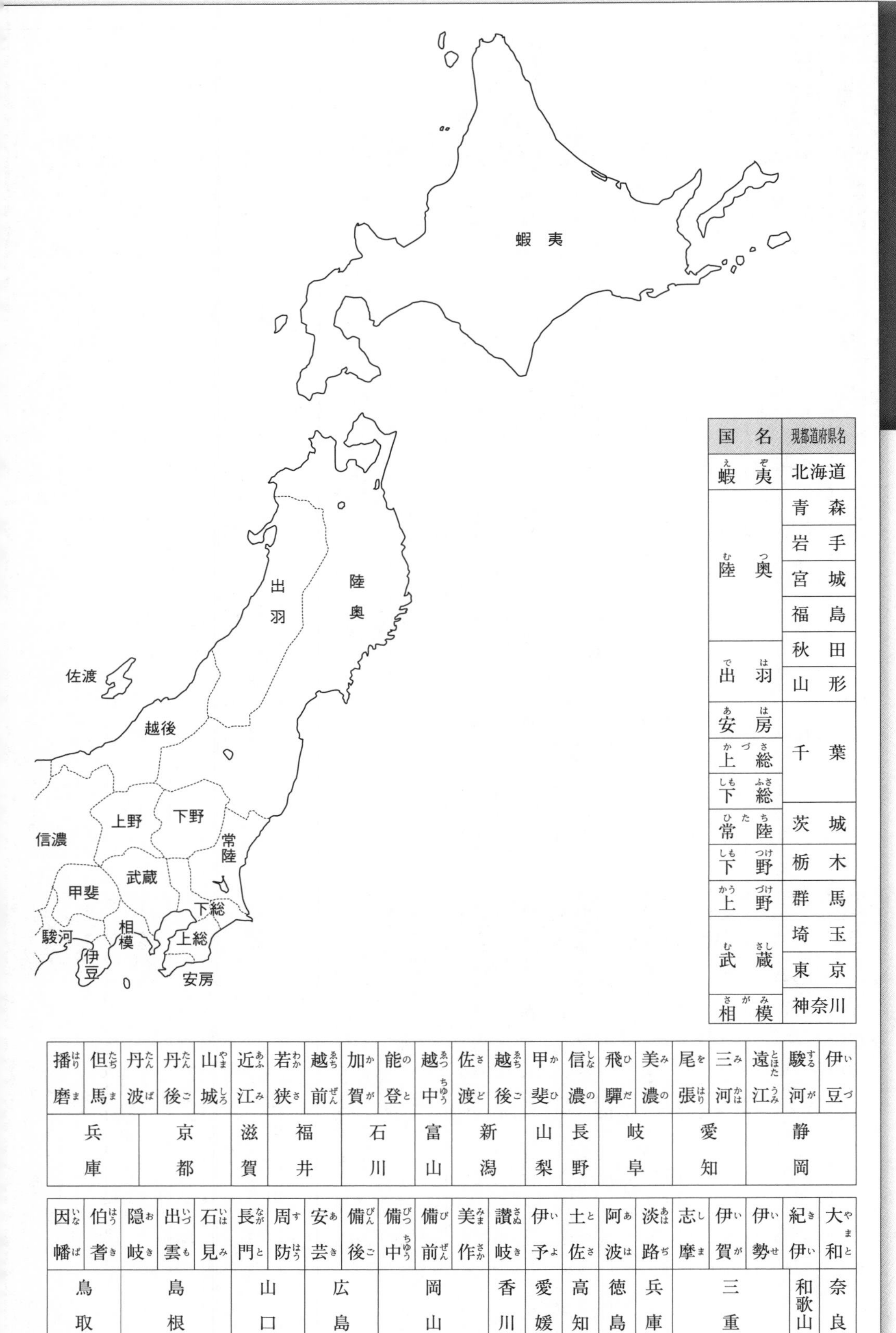

国名	現都道府県名
蝦夷（えぞ）	北海道
陸奥（むつ）	青森
	岩手
	宮城
	福島
出羽（では）	秋田
	山形
安房（あは）	千葉
上総（かづさ）	
下総（しもふさ）	
常陸（ひたち）	茨城
下野（しもつけ）	栃木
上野（かうづけ）	群馬
武蔵（むさし）	埼玉
	東京
相模（さがみ）	神奈川

播磨（はりま）	但馬（たぢま）	丹波（たんば）	丹後（たんご）	山城（やましろ）	近江（あふみ）	若狭（わかさ）	越前（えちぜん）	加賀（かが）	能登（のと）	越中（えつちゆう）	佐渡（さど）	越後（えちご）	甲斐（かひ）	信濃（しなの）	飛騨（ひだ）	美濃（みの）	尾張（をはり）	三河（みかは）	遠江（とほたふみ）	駿河（するが）	伊豆（いづ）
兵庫			京都		滋賀	福井		石川		富山	新潟		山梨	長野	岐阜		愛知		静岡		

因幡（いなば）	伯耆（はうき）	隠岐（おき）	出雲（いづも）	石見（いはみ）	長門（ながと）	周防（すはう）	安芸（あき）	備後（びんご）	備中（びつちゆう）	備前（びぜん）	美作（みまさか）	讃岐（さぬき）	伊予（いよ）	土佐（とさ）	阿波（あは）	淡路（あはぢ）	志摩（しま）	伊賀（いが）	伊勢（いせ）	紀伊（きい）	大和（やまと）
鳥取		島根			山口		広島		岡山			香川	愛媛	高知	徳島	兵庫	三重			和歌山	奈良

※国名のふりがなは、すべて旧仮名づかいによる。

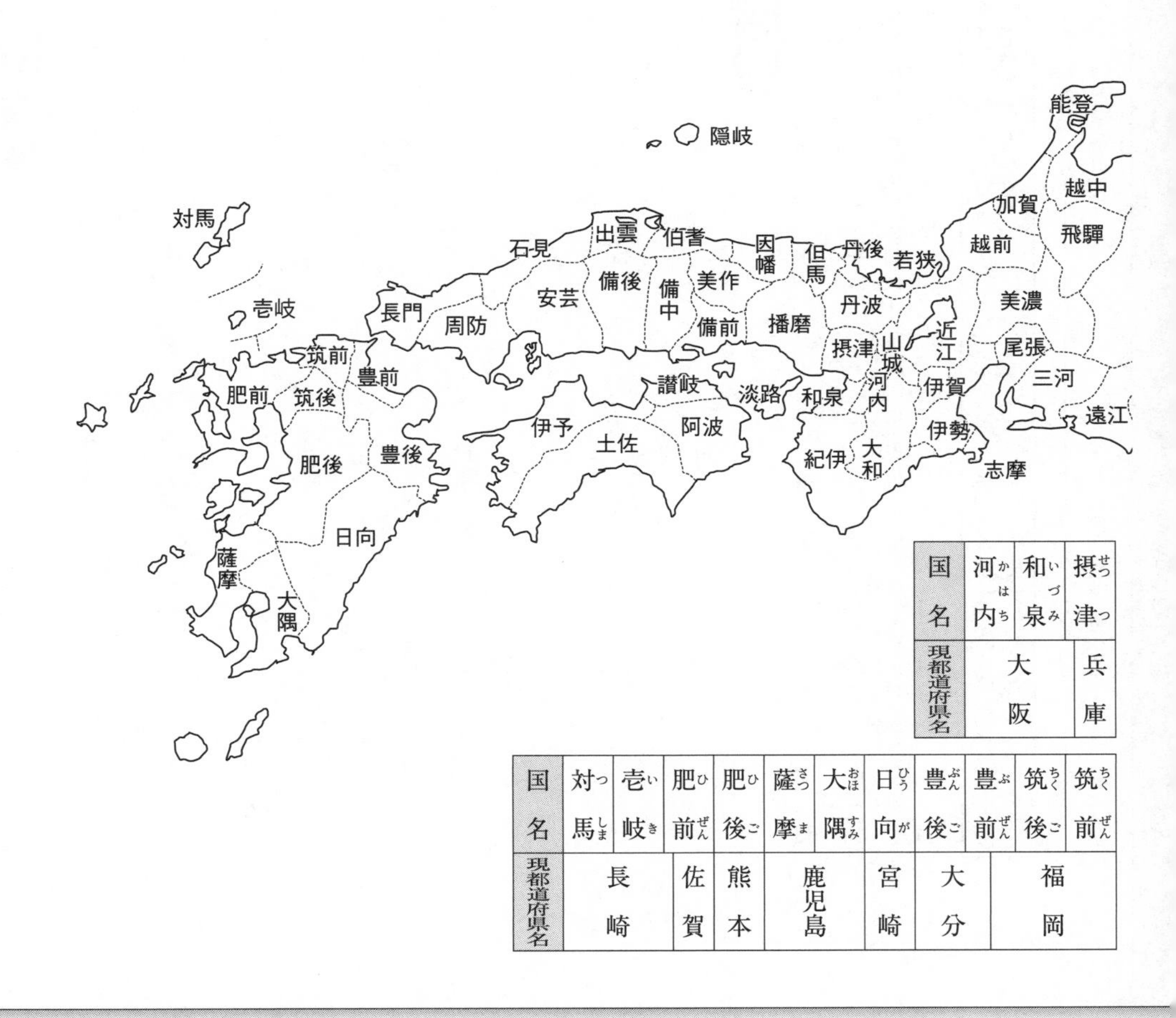

国名	河内（かはち）	和泉（いづみ）	摂津（せつつ）
現都道府県名	大阪		兵庫

国名	対馬（つしま）	壱岐（いき）	肥前（ひぜん）	肥後（ひご）	薩摩（さつま）	大隅（おほすみ）	日向（ひうが）	豊後（ぶんご）	豊前（ぶぜん）	筑後（ちくご）	筑前（ちくぜん）
現都道府県名	長崎		佐賀	熊本	鹿児島		宮崎	大分	福岡		

月の異名、時刻・方位、月齢

月の異名

四季	月（旧暦）	異名	参考
春	一月	睦月（むつき）	初春
	二月	如月（きさらぎ）	仲春
	三月	弥生（やよひ）	晩春
夏	四月	卯月（うづき）	初夏
	五月	皐月（さつき）	仲夏
	六月	水無月（みなづき）	晩夏
秋	七月	文月（ふみづき（ふづき））	初秋
	八月	葉月（はづき）	仲秋
	九月	長月（ながつき）	晩秋
冬	十月	神無月（かんなづき）	初冬
	十一月	霜月（しもつき）	仲冬
	十二月	師走（しはす）	晩冬

時刻・方位

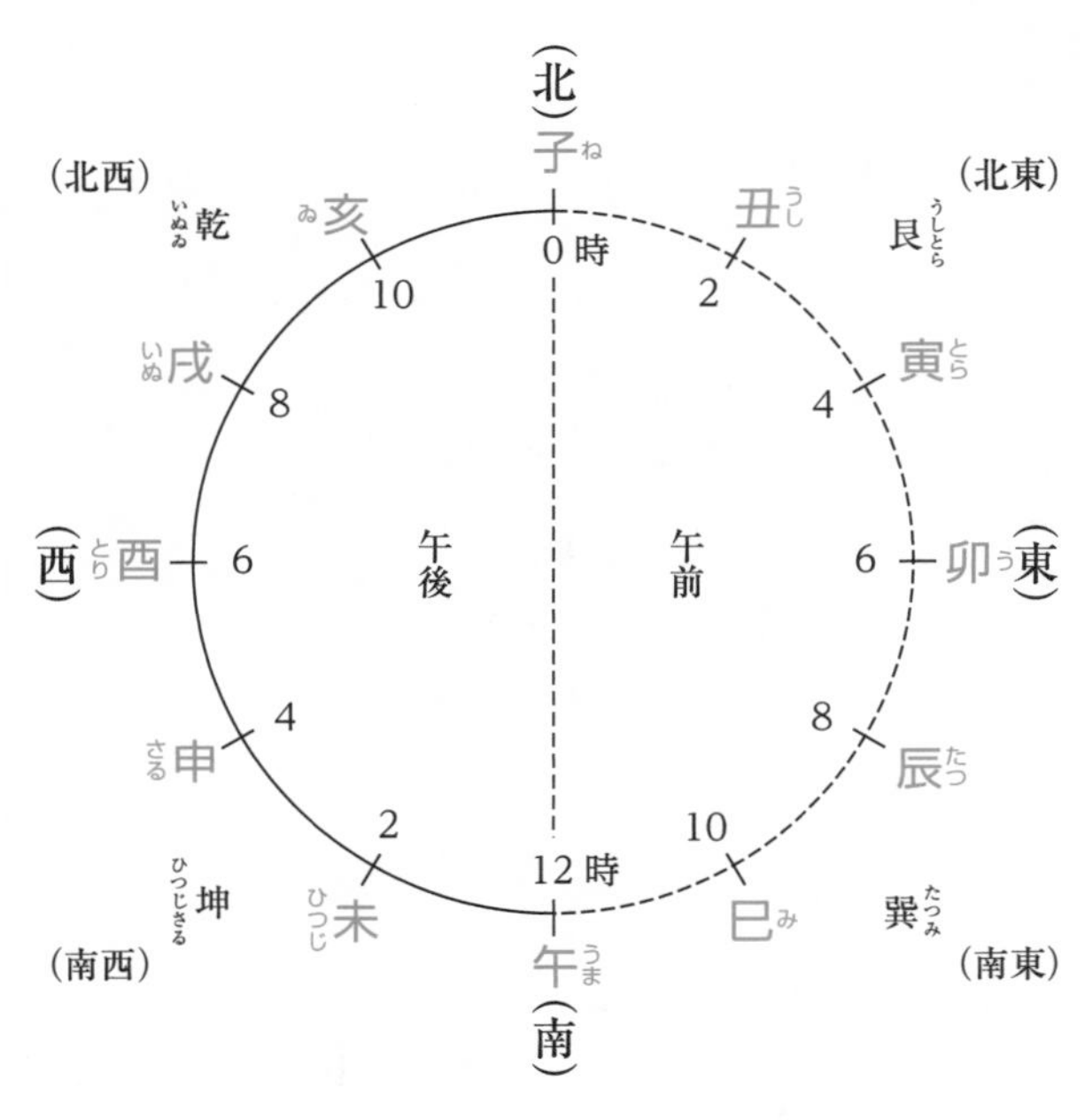

月齢

新月（しんげつ）・初月（しょげつ）

二日月（ふつかづき）（2日ごろ）

三日月（みかづき）（3日ごろ）

七日月（7日ごろ）

八日月（8日ごろ）

九日月（9日ごろ）

十日余りの月（11日ごろ）

十三夜月・小望月（こもちづき）（13日ごろ）

望月（もちづき）・満月（15日ごろ）

十六夜月（いざよいづき）（16日ごろ）

立待月（たちまちづき）（17日ごろ）

居待月（ゐまちづき）（18日ごろ）

臥待月（ふしまちづき）・寝待月（ねまちづき）（19日ごろ）

更待月（ふけまちづき）・宵闇月（よいやみづき）（20日ごろ）

二十日（はつか）余りの月（22日ごろ）

二十三夜月（23日ごろ）

月籠り（つごもり）・晦日（みそか）・闇（月末）

上弦（じょうげん）の月・夕月夜（ゆうづくよ）（かみのゆみはり）（宵月夜（よいづくよ））

下弦（かげん）の月・有明（ありあけ）の月（しものゆみはり）（朝月夜（あさづくよ））

河合塾
SERIES

ステップアップノート30

古典文法基礎ドリル

—解答・解説編—

河合出版

❖解答・解説　もくじ

1 古典文法 事始メ（コトハジメ）

練習ドリル の解答

1 次の傍線部の活用形を答えよ。（例文はすべて有名作品の冒頭である）

①いづれの御時にか、女御、更衣、あまたさぶらひ給ひける中に、
いつの帝の御代であろうか、女御や、更衣が、おおぜいお仕えしなさっていた中に、

②春はあけぼの、やうやう白くなりゆく山ぎは、すこし明かりて、
春は夜明けごろ（が趣き深い）、だんだん白くなってゆく山に接した空が、少し明るくなって、

③ゆく河の流れは絶えずして、しかももとの水にあらず。
（流れて）ゆく川の流れは絶えることがなく、しかももとの水ではない。

④つれづれなるままに、ひぐらし硯にむかひて、
することがないのにまかせて、一日中硯に向かって、

⑤祇園精舎の鐘の音、諸行無常の響きあり。
祇園精舎の鐘の音は、すべてのものが永遠ではない（といっているような）響きがある。

①	②	③
連用形	連体形	未然形
④	⑤	
連用形	終止形	

2 次の［　］の中の動詞を、適当に活用させて答えよ。

①昔、太郎入道と［いふ］ものありけり。
昔、太郎入道という人がいた。

②あやしとは［思ふ］つ。
変だとは思った。

練習ドリル の解説

1 活用形を考えるには、まず下につく語を確認する。

➡①「ける」の上にあるから連用形。　『源氏物語』より

➡②「山ぎは」は名詞（＝体言）。体言の上にあるのは連体形。　『枕草子』より

＊体言に連なる形だから「連体形」という。

➡③「ず」の上にあるから未然形。　『方丈記』より

➡④助詞「て」の上にあるから連用形。　『徒然草』より

➡⑤句点「。」があり、文が終わっているから終止形。上に係助詞がないのを確認すること。　『平家物語』より

2 直下につく語から、空欄部の活用形を決定し、適当な形に活用させる。

➡①「もの」は体言なので、連体形に活用させる。「いふ」の連体形は「いふ」。

➡②「つ」の上は連用形。「思ふ」の連用形は「思ひ」。

＊「思ひ」を「思い」としないように注意すること。

③ 児ども多く［見ゆ］けり。
稚児たちがたくさん現れた。

④ 一首の歌を［詠む］て、宿の柱にぞ書かれける。
一首の歌を詠んで、宿の柱にお書きになった。

⑤ 幾年過ぐれども［忘る］ず。
何年過ぎても忘れない。

①	②	③	④	⑤
いふ	思ひ	見え	詠み	忘れ

3 次の傍線部の活用形を、それぞれ後から選べ。

① 恐ろしく(a)て寝も寝られず。
恐ろしくて寝ることもできない。

② なほ寝(b)で、久しう弾かむ。
やはり寝ないで、長く弾こう。

③ 名は聞きしか(c)ども、忘れ侍り。
名前は聞いたけれども、忘れました。

④ いと大きなる(d)木立ちたり(e)。
たいそう大きな木が立っている。

イ 未然形　ロ 連用形　ハ 終止形
ニ 連体形　ホ 已然形　ヘ 命令形

a	b	c	d	e
ロ	イ	ホ	ニ	ハ

⬇ ③「けり」の上は連用形。「見ゆ」は「現れる」という意味で、連用形は「見え」。

⬇ ④ 助詞「て」の上は連用形。「詠む」の連用形は「詠み」。

⬇ ⑤「ず」の上は未然形。「忘る」の未然形は「忘れ」。

3 1と同様、下につく語から傍線部の活用形を考える。

⬇ a 助詞「て」の上は連用形。

⬇ b 助詞「で」の上は未然形。

⬇ c 助詞「ども」の上は已然形。

⬇ d 体言「木」に連なる形で連体形。

⬇ e 文の終わりを示す「。（句点）」があり、文が終わっていて、上に係助詞がないから終止形。

＊活用形の決め方は、二通りあることを確認すること。
(1) 下に続く語から（文末の場合は係り結びなどに注意して）決める。
(2) 活用表から（＝活用させて）決める。

4 次の傍線部の活用形を答えよ。

① 酔ひたる人ぞ、過ぎにし憂さをも思ひ出でて泣くめる。
酔った人は、過ぎ去ったつらいことをも思い出して泣くようだ。

② いづれの山か天に近き。
どの山が天に近いか。

③ 国のうちに、年老いたる翁、嫗やある。
国の中に、年を取ったおじいさんや、おばあさんはいるか。

④ その人、かたちよりは心なむまさりたりける。
その人は、容貌よりは性格が優れていた。

⑤ 小式部内侍こそ、誰よりもいとめでたけれ。
小式部内侍は、誰よりもたいそうすばらしい。

①	②	③	④	⑤
連体形	**連体**形	**連体**形	**連体**形	**已然**形

4 「ぞ・なむ・や・か」の結びは連体形。「こそ」の結びは已然形。

⬇ ① 係助詞「ぞ」の結びは連体形。
⬇ ② 係助詞「か」の結びは連体形。
⬇ ③ 係助詞「や」の結びは連体形。
⬇ ④ 係助詞「なむ」の結びは連体形。
⬇ ⑤ 係助詞「こそ」の結びは已然形。

＊文末の活用形は、係り結びにも注意する。

5 次の傍線部を現代語訳せよ。

① 「男やある」「子やある」「いづくにか住む」など、口々問ふに、
「夫がいるのか」「子どもがいるのか」「どこに住んでいるのか」など、口々に質問するので、

② もののあはれは秋こそまされ。
ものの趣深さは秋がまさるものだ。

③ その竹の中に、本光る竹なむ一筋ありける。
その竹の中に、根本が光る竹が一本あった。

④ この山の名を何とか申すと問ふ。
この山の名前を何と申し上げるのかと尋ねる。

⑤ 同じ古ごとと言ひながら、知らぬ人やはある。
同じ古いこと（＝歌）と言うけれども、（この歌を）知らない人がいるか、いや、いない。

①	②	③	④	⑤
子どもがいるのか	秋がまさる（ものだ）	竹が一本あった	何と申し上げるのか	知らない人がいるか、いや、いない

5 「ぞ・なむ・こそ」は「強意」。「や・か」は「疑問」か「反語」。

➡① 「や～連体形」の形は、疑問か反語が考えられるが、ここでは「口々問ふ」とあるから、相手に尋ねていることになる。疑問で訳す方がよい。

➡② 「こそ～已然形」の形は、強意。「こそ」を取り払うと「秋まさる」となり、「秋がまさる」と訳す。

➡③ 「なむ～連体形」も②と同様、強意を表す。「なむ」を取り払って訳せばよい。

➡④ 「か～連体形」の形は、疑問か反語。「～と問ふ」とあるから疑問で訳す。

➡⑤ 「やは～連体形」の形は反語が多い。

2 動詞(二)・音便

練習ドリル の解答

1 次の傍線部の動詞の、活用の行と種類および活用形を答えよ。

① 求むれども得ることなし。
追い求めるけれども手に入れることができない。

② われと思はむ者は、寄り合へや。
わたしこそはと思うような者は、集まれよ。

③ これ勇士の恥づるところなり。
これは勇士が恥じることである。

④ 「なにか射る。な射そ。な射そ」
「どうして射るのか。射るな。射るな」

⑤ 夜中なれば、西東も見えず。
夜中なので、西も東もわからない。

	活用の行と種類	活用形
①	マ行 下二段活用	已然形
②	ハ行 四段活用	未然形
③	ダ行 上二段活用	連体形
④	ヤ行 上一段活用	連体形
⑤	ヤ行 下二段活用	未然形

練習ドリル の解説

1 活用形は、下につく語に注目する。

➡ ①「ず」をつけると「求め＋ず」なので、マ行。「め」はエ段の音なので下二段活用。下に「ども」があるので、已然形。

➡ ②「ず」をつけると「思は＋ず」なので、ハ行。「は」はア段の音なので四段活用。下に「む」があるので、未然形。

➡ ③「ず」をつけると「恥ぢ＋ず」なので、ダ行。「ぢ」はイ段の音で、覚える上一段動詞ではないので上二段活用。下に「ところ」という体言があるので、連体形。

➡ ④「射る」は覚える上一段動詞。また、ヤ行であることにも注意。上に「か」という係助詞があるので係り結びで、連体形。

➡ ⑤「ず」をつけると「見え＋ず」。「え」はエ段の音であるが、ア行の動詞は「得・心得」だけである。「見え」はヤ行であることに注意。終止形は「見ゆ」となるヤ行下二段活用。下に「ず」があるので、未然形。

2 次の動詞は四段と下二段の両方に活用する。それぞれの未然形を答えよ。

	四段	下二段
① 立つ	立た	立て
② 頼む	頼ま	頼め

3 次の例文から動詞をすべて抜き出し、その活用の行・種類・活用形を答えよ。（解答欄の数は解答数と同じ）

① 日数のはやく過ぐるほどぞ、ものにも似ぬ。

日数が（あまりにも）早く過ぎるその程度は、何も似るものがない程である。

② 力衰へて分を知らざれば、病を受く。

体力が衰えて（自分の）限界をわきまえていないと、病気にかかる。

	動詞	行	種類	活用形
①	過ぐる	ガ行	上二段活用	連体形
	似	ナ行	上一段活用	未然形
②	衰へ	ハ行	下二段活用	連用形
	知ら	ラ行	四段活用	未然形
	受く	カ行	下二段活用	終止形

2 終止形が同じでも活用の種類が異なる動詞がある。活用の種類が異なると意味も違ってくる。

➡① 四段の「立つ」は「～が立つ」、下二段の「立つ」は「～を立てる」の意。

➡② 四段の「頼む」は「頼りにする」、下二段の「頼む」は「頼りにさせる」の意。

3 終止形を確認しつつ、もう一度ポイントを振り返り、動詞の活用のパターン・活用語尾などに慣れておく。

➡① 「過ぐる」は「ず」をつけると「過ぎ＋ず」なので、ガ行。「ぎ」はイ段の音で、覚える上一段動詞ではないので、上二段。下に「ほど」という体言があるので、連体形。また、終止形は「過ぐ」であるので、注意。

➡① 「似」は覚える上一段動詞「似る」の活用したもの。下の「ぬ」は、助動詞「ず」の活用したものである。したがって下に「ず」があるのと同じことで、「似」は、未然形。（➡9助動詞（三）「ず」参照）「はやく」は形容詞「はやし」の連用形で、動詞ではないので、注意。

➡② 「衰へ」は「ず」をつけると「衰へ＋ず」なので、ハ行。「へ」はエ段の音なので下二段活用。下一段動詞は「蹴る」だけである。下に助詞「て」があるので、連用形。

➡② 「知ら」は「ず」をつけると「知ら＋ず」なので、ラ行。「ら」はア段の音なので四段活用。下の「ざれ」は助動詞「ず」が活用したもの。「ず」の上は未然形。

➡② 「受く」は「ず」をつけると「受け＋ず」なので、カ行。「け」はエ段音なので下二段活用。係り結びもなくそこで文が終わっているので、終止形。終止形は「受ける」ではないので、注意。

3 動詞(二)

練習ドリル の解答

1 **次の傍線部カ変動詞「来」の読みを記せ。**

① 船に乗りて帰り来けり。

船に乗って帰って来た。

② 「いづら、猫は。こち率て来」

「何処(どこ)にいるのか、猫は。こっちに連れて来い。」

③ その夜、もしやと、思ひて待てど、また来ず。

その夜、もしやと、思って待つけれど、また来ない。

①	②	③
き	こ	こ

2 **次の□に合うように、サ変動詞「す」を活用させて答えよ。**

① われかの心地□て、死ぬべくおぼさる。

茫然(ぼうぜん)とした気持ちがして、死にそうにお思いになる。

② もとより友と□人、一人二人して行きけり。

以前から友人とする人、一人二人と一緒に行った。

③ 夜昼待ち給ふに、年越ゆるまで音も□ず。

夜も昼も待ちなさるのだが、次の年になるまで連絡もしない。

①	②	③
し	する	せ

練習ドリル の解説

1 **下の語に注意して、カ変の活用形を確認する。**

⬇ ① 下に「けり」があるので、連用形。

⬇ ② 下に会話の終わりを示すカギ括弧(かっこ)(」)があり、上に係助詞もないので、終止形か命令形。文脈で命令の意味があるので、命令形。

⬇ ③ 下に「ず」があるので、未然形。

2 **下の語に注意して、サ変の活用形を確認する。**

⬇ ① 下に「て」があるので、連用形。

⬇ ② 下に「人(=体言)」があるので、連体形。

⬇ ③ 下に「ず」があるので、未然形。

3 次にあげた動詞の、活用の種類をそれぞれ記せ。

①｛a 来（く）　b 来（きた）る
②｛a 居（ゐ）る　b 居（を）り
③｛a 死ぬ　b 死す
④｛a す　b なす

① a	① b	② a	② b
カ行変格活用	ラ行四段活用	ワ行上一段活用	ラ行変格活用

③ a	③ b	④ a	④ b
ナ行変格活用	サ行変格活用	サ行変格活用	サ行四段活用

3 まぎらわしい活用の種類を見分ける。

⬇覚える動詞のカ変（①a）・サ変（③b・④a）・ナ変（③a）・ラ変（②b）に所属する動詞を、まず見つける。

⬇①b「ず」をつけると「来（きた）ら＋ず」となるのでラ行。「ら」はア段の音なので四段活用。

⬇②a「居る」は覚える上一段動詞。ワ行に注意。

⬇③a「死ぬ」は訓読みで、覚えるナ変動詞。b「死す」は音読み「シ」＋すなのでサ変動詞。

⬇④b「ず」をつけると「なさ＋ず」となるのでサ行。「さ」はア段の音なので四段活用。

4 **次の例文から変格活用の動詞をすべて抜き出し、その活用の行と活用形を答えよ。（解答欄の数は解答数と同じ）**

① この人を具して去にけり。
この人を連れて去ってしまった。

② よきに奏したまへ、啓したまへ。
よろしいように帝に申し上げてください、中宮に申し上げてください。

③ 「北山になむ、なにがし寺といふ所に、かしこき行ひ人侍る」
「北山の、何とか寺という所に、尊い修行者がいます。」

	動詞	活用の行	活用形
①	**具し**	**サ**行	**連用**形
	去に	**ナ**行	**連用**形
②	**奏し**	**サ**行	**連用**形
	啓し	**サ**行	**連用**形
③	**侍る**	**ラ**行	**連体**形

4 **変格活用動詞の種類と、それらの活用形・活用語尾に、習熟しておく。**

➡ ①「具す」は漢字一字を音で読むので、サ変。「去ぬ」はナ変。

➡ ②「奏す」・「啓す」はともにサ変。
「奏す」は、「帝（天皇）に申し上げる」の意。
「啓す」は、「中宮（皇后）・東宮（皇太子）に申し上げる」の意。

➡ ③「侍り」はラ変。文末で上に係助詞「なむ」があるので連体形。
係り結びに注意。

5 **次の例文中の動詞の音便に傍線を引き、それをもとの形に直せ。**

世の中に物語といふもののあんなるを、いかで見ばや。
世の中には物語というものがあるそうなのを、なんとかして見たい。

ある

5 **慣用的な音便にも慣れておく。**

➡ ラ変動詞「あり」の連体形「ある」が、「めり」「なり（伝聞推定）」「べし」に続くとき、撥音便が生じ、さらにそれが無表記になることが多い。

もとの形 あるめり → 撥音便形 あんめり → 撥音便の無表記形 あめり

6 次の傍線部の動詞の、活用の種類と活用形、およびその終止形を答えよ。

うつくしきもの。瓜に<u>かき</u>①たる児の顔。雀の子の、ねず鳴き<u>する</u>②にをどり来る。二つ三つばかりなる児の、急ぎて這ひ<u>来る</u>③道に、いと小さき塵の<u>あり</u>④けるを目ざとに<u>見つけ</u>⑤て、いとをかしげなる指にとらへて、大人などに<u>見せ</u>⑥たる、いとうつくし。頭は尼そぎなる児の、目に髪のおほへるをかきはやらで、うちかたぶきてものな<u>ど見</u>⑦たるも、うつくし。

かわいらしいもの。瓜に描いてある幼児の顔。雀の子が、（人が）鼠鳴きをして呼ぶと踊るようにしてやって来るの。二、三歳ぐらいの幼児が、急いで這ってくる道に、とても小さいごみがあったのを目ざとく見つけて、とても愛らしい指につかまえて、大人などに見せているのは、とてもかわいらしい。肩のあたりで切り揃えた髪の幼女が、目に髪がかぶさっているのをかきあげることはしないで、顔を傾けて物など見ているのも、かわいらしい。

	活用の種類	活用形	終止形
①	カ行四段活用	連用形	かく
②	サ行変格活用	連体形	す
③	カ行変格活用	連体形	来
④	ラ行変格活用	連用形	あり
⑤	カ行下二段活用	連用形	見つく
⑥	サ行下二段活用	連用形	見す
⑦	マ行上一段活用	連用形	見る

6 全部で九種類ある動詞の活用の種類を考え、それぞれの活用形を確認する。

➡①「ず」をつけると「かか＋ず」となるのでカ行。「か」はア段の音なので四段活用。

➡②「する」はサ変（覚える動詞）の連体形。

➡③「来る」はカ変（覚える動詞）の連体形。

➡④「あり」はラ変（覚える動詞）。下に「けり」の活用した「ける」があるので、連用形。

➡⑤「ず」をつけると「見つけ＋ず」となるのでカ行。「け」はエ段の音なので下二段活用。下に「て」があるので、連用形。終止形は「見つく」であって、「見つける」ではないので注意。

➡⑥「ず」をつけると「見せ＋ず」となるのでサ行。「せ」はエ段の音なので下二段活用。下に「たり」の活用した「たる」があるので、連用形。終止形は「見す」であって、「見せる」ではないので注意。また「見る」（マ行上一段）・「見ゆ」（ヤ行下二段）との違いに注意。

➡⑦「見」は上一段動詞（覚える動詞）「見る」の活用したものである。⑥と同様、下に「たる」があるので、連用形。

4 形容詞

練習ドリル の解答

1 次の傍線部の形容詞の、活用の種類と活用形を答えよ。

① なかなかに艶に<u>をかしき</u>夜かな。
かえって優美で趣のある夜だなあ。

② 住吉の浜を行くに、いと<u>おもしろけれ</u>ば、（馬から）おりゐつつ行く。
住吉の浜を行くと、たいそうすばらしいので、（馬から）おりて腰をおろしたりして行く。

③ <u>いみじから</u>ん心地もせず。
すばらしいような気持ちもしない。

	活用の種類	活用形
①	**シク** 活用	**連体** 形
②	**ク** 活用	**已然** 形
③	**シク** 活用	**未然** 形

2 次の［　］の中の形容詞を、適当に活用させて答えよ。

［①幼し］君もいと［②うつくし］てものしたまふ。
幼いお子様もたいへんかわいらしくていらっしゃる。

①	②
幼き	**うつくしく**

練習ドリル の解説

1 ク活用とシク活用を区別できるようにし、それぞれの活用形を確認する。

⬇ ①「なる」をつけると「をかしく＋なる」となるので、シク活用。活用表から「をかしき」は連体形。

⬇ ②「なる」をつけると「おもしろく＋なる」となるので、ク活用。活用表から「おもしろけれ」は已然形。

⬇ ③「なる」をつけると「いみじく＋なる」となるが、ジク活用ではなく、シク活用という。活用表から「いみじから」は未然形。

2 下につく語に注意して、形容詞を活用させる。

⬇ ①「なる」をつけると「幼く＋なる」となるので、ク活用。下に「君」という体言があるので連体形にする。下が助動詞ではないので、「幼かる」ではなく「幼き」である。

⬇ ②「なる」をつけると「うつくしく＋なる」となるので、シク活用。下に助詞「て」があるので連用形にする。下が助動詞ではないので、カリ系列の「うつくしかり」にはならない。

3 次の例文中の形容詞の音便に傍線を引き、それをもとの形に直せ。

五月のつごもりに、雪いと白う降れり。

五月の月末に、雪がたいそう白く降った。

白く

4 次の例文から形容詞を二つ抜き出し、その終止形を答えよ。

蟻は、いとにくけれど、水の上などを、ただあゆみにあゆみありくこそをかしけれ。

蟻は、とても嫌いだけれど、水の上などを、ひたすら歩き回るのはおもしろい。

形容詞	終止形
にくけれ	にくし
をかしけれ	をかし

5 次の傍線部を現代語訳せよ。

空さむみ花にまがへて散る雪に少し春ある心地こそすれ

空が寒いので桜の花に見間違えるように散る雪に少し春がある気持ちがする。

空が寒いので

3 形容詞の音便を知る（形容詞の音便には三種類ある）。

a **イ音便**（連体形に生じる）　若き人 → 若い人

b **ウ音便**（連用形に生じる）　うつくしく見ゆ → うつくしう見ゆ

c **撥音便**（カリ系列の連体形に生じ、「ん」が無表記の場合も多い）　浅かるなり → 浅かんなり → 浅かなり

「白う」はク活用形容詞「白し」の連用形がウ音便になったもの。もとの形は「白く」である。

4 活用表を思い出しつつ、性質や状態を表す形容詞を抜き出す。

➡「にくけれ」はク活用形容詞「にくし」の已然形。

➡「をかしけれ」はシク活用形容詞「をかし」の已然形。係助詞「こそ」の結びとなっている。**「をかし＋けれ」と間違えないように注意する。** 助動詞「けれ（けり）」は、終止形には接続しない。

5 形容詞の語幹の用法を覚える。

➡**「形容詞の語幹＋み」** は、**「～ので」** と訳す。「さむ」は形容詞「寒（さむ）し」の語幹。

＊ **「―（を）～み」の用法は、ほとんどが和歌の中で用いられる。**

5 形容動詞

練習ドリル の解答

1 次の傍線部の形容動詞の活用形を答えよ。

① 優なる北の方の心なるべし。
優雅な北の方（＝奥様）の風流心であるだろう。

② 夏の雨のどかに降りて、つれづれなるころ、
（a：のどかに　b：つれづれなる）
夏の雨がのんびりと降って、所在ないころ、

③ 今更思ひ出でてあはれなりければ、
いまさら思い出してしみじみと感慨深かったので、

①	② a	② b	③
連体形	連用形	連体形	連用形

2 次の□の中の形容動詞を、適当に活用させて答えよ。

① 木のさま 憎げなり ど、あふちの花いとをかし。
木の様子は気にくわない様子だけれど、おうち（＝センダン）の薄紫色の花はたいそう美しい。

② 夜は、きららかに はなやかなり 装束、いとよし。
夜は、きらびやかで華やかな衣装が、とてもよい。

①	②
憎げなれ	はなやかなる

練習ドリル の解説

1 形容動詞の活用形を確認する。

➡①活用表から「優なる」の形は連体形。
➡②a 活用表から「のどかに」の形は連用形。
➡②b 活用表から「つれづれなる」の形は連体形。
➡③活用表から「あはれなり」は連用形か終止形。下に連用形に接続する助動詞「けり」が活用した「けれ」があるので、連用形。

＊活用形の決め方は、二通りあることを確認しておこう。
(1) 活用表から（＝活用語尾から）決める。
(2) 下に続く語で（文末の場合は係り結びなどに注意して）決める。

2 下に続く語に注意して、形容動詞を活用させる。

➡①下に助詞「ど」があるので、已然形。
➡②下に「装束」という体言があるので、連体形。

3 次の例文から形容動詞を三つ抜き出し、その活用形を答えよ。

大路のさま、松立てわたして、はなやかにうれしげなるこそ、またあはれなれ。

（正月の）大通りの様子は、門松がずうっと立てられていて、華やかでうれしそうなのは、またしみじみと感慨深い。

形容動詞	活用形
はなやかに	連用形
うれしげなる	連体形
あはれなれ	已然形

4 次の□の中の形容動詞を適当に活用させて、さらに全文を現代語訳せよ。

言ひ知らず［あてなり］らうたげなり。

あてに

現代語訳
何とも言いようもなく高貴でかわいらしい。

3 活用語尾に注意しつつ、性質や状態を表す形容動詞を抜き出す。

＊「〜げなり」「〜やかなり」「〜らかなり」は、形容動詞独特の語尾なので、形容動詞を探す際に、参考にしよう。また、頻出する主な形容動詞は、覚えておこう。

↓「はなやかに」の形は、形容動詞の連用形。

↓「うれしげなる」の形は、形容動詞の連体形。

↓「あはれなれ」は覚えておく形容動詞。「〜なれ」は、已然形か命令形だが、ここは係助詞「こそ」の結びだから已然形。

4 形容動詞の活用と意味を確認する。

↓下に形容動詞があるので、連用形。「らうたげなり」は助動詞ではないので「あてに」とする。

「あてなり（＝高貴だ）」「らうたげなり（＝かわいらしい）」は、重要古語。

「言ひ知らず」は、「言い尽くせない」「言いようもない」という意味で、良い場合の「言いようもなくすばらしい」、悪い場合の「言いようもなくひどい」の両方に使うので注意する。

＊基本的な形容詞・形容動詞は、その語の意味を確認しておこう。

6 助動詞入門

練習ドリル の解答

1 次の傍線部を、助動詞に注意して現代語訳せよ。

① 楽しみは三人の児どもすくすくと大きになれる姿見る時
楽しみは三人の子ども達がすくすくと大きくなった姿を見る時だ。

② この人々の深き志は、この海にも劣らざるべし。
この人々の深い気持ちは、この海にも劣らないだろう。

①	②
大きくなった姿（を）	この海にも劣らないだろう

2 次の傍線部の活用形を答えよ。

① 白き水はやく流れたり。
白い水が速く流れている。

② 「このたびは帰りて、後に迎へに来む」
「今回は帰って、後で迎えに来よう」

③ 「和歌の船に乗るべし」
「和歌の船に乗ろう」

④ (上手どもを) 召し出でて射させ給ふ。
(弓の上手な者たちを) お呼び出しなさって射させなさる。

⑤ 住みなれしふるさと限りなく思ひ出でらる。
住みなれたなじみの土地が限りなく思い出される。

①	②	③	④	⑤
連用形	未然形	終止形	未然形	未然形

練習ドリル の解説

1 助動詞が活用して（＝形を変えて）いても、終止形と訳は変わらない。大切なことは、活用している場合その終止形が見抜けるようになることである。

➡ ①「なる」＋「た」（完了）＋「姿」＝「なった姿」
（「なれる」「なれた」という可能性を含んだ誤訳をしないこと。「なれ」は完了の助動詞「り」が下にあるので四段動詞「なる」の已然形（命令形）である。）

➡ ②「劣る」＋「ない」（打消）＋「だろう」（推量）＝「劣らないだろう」

2 活用形を問われたら直下の語を確認する。

➡ ①「たり」は連用形接続の助動詞。

➡ ②「む」は未然形接続の助動詞。「来」は未然形だから「こ」と読む。

➡ ③「べし」は終止形（ラ変型には連体形）接続の助動詞。

➡ ④「させ」は「さす」の連用形。「さす」は未然形接続の助動詞。

➡ ⑤「らる」は未然形接続の助動詞。

3 次の□の中の語を、適当に活用させて答えよ。

① 五十の春を迎へて、家を出で世を［そむく］り。

五十歳の春を迎えて、家を出て出家した。

② 宇治へ［おはす］なりけり。（「おはす」はサ変・「なり」は断定）

宇治へいらっしゃるのであった。

③ 波に漂はされて知らぬ国に［吹き寄す］らる。

波に漂わされて知らない国に吹き寄せられる。

④ いみじく思し嘆くこと［あり］べし。

ひどく思い嘆きなさることがあるのだろう。

⑤ ものの音は遠きまされり鳥すら遥かに聞けば［をかし］けり

（いろいろな）ものの音（や声）は遠い方が勝っている（→遠くで聞く方がよい）。鳥でさえ遠くで聞くと趣深いことだ。

⑥ めでたしと見る人の、心劣りせらるる本性見えむこそ、［口惜し］べけれ。

素晴らしいと（思って）見る人が、ついがっかりしてしまう本性（＝生まれつきの性質）が見えるようなことは、残念であるに違いない。

①	②	③	④	⑤	⑥
そむけ	おはする	吹き寄せ	ある	をかしかり	口惜しかる

3 まずは直下の語の接続を確認する。次にその接続に合うように□の語を活用させる。

↓① 「り」はサ変動詞の未然形か四段動詞の已然形（命令形）に接続。「そむく」はカ行四段活用の動詞で、その已然形（命令形）は「そむけ」である。

↓② 断定の助動詞「なり」は、体言または活用語の連体形に接続。「おはす」はサ変動詞なので連体形は「おはする」である。

↓③ 「らる」は未然形に接続。「吹き寄す」はサ行下二段活用の動詞で、その未然形は「吹き寄せ」である。

↓④ 「べし」は終止形接続の助動詞であるが、ラ変型活用語には連体形に接続する。「あり」はラ変動詞なので、その連体形「ある」が答え。

↓⑤ 「けり」は連用形接続の助動詞。「をかし」はシク活用の形容詞で、下に助動詞がつくときは原則的にシカリ系列を用いる。シカリ系列の連用形は「をかしかり」。

↓⑥ 「べけれ」は「べし」の已然形で、「べし」は終止形接続の助動詞であるが、ラ変型活用語には連体形に接続する。「口惜し」はシク活用の形容詞で、下に助動詞がつくときは原則的にシカリ系列を用いる。シカリ系列はラ変型の活用をするので、その連体形「口惜しかる」が答え。

4 次の傍線部の助動詞の活用形を答えよ。

① この僧の顔に似てむ。
この僧の顔にきっと似ているだろう。

② 昨日なむ都にまうで来つる。
昨日都に参上して来た。

③ 武蔵の国に行き着きにけり。
武蔵の国に到着してしまった。

④ 思ふ人々に後れなば、尼にもなりなむ。
愛する人々に先立たれてしまったならば、尼になってしまおう。

①	②	③	④
未然形	**連体**形	**連用**形	**未然**形

4 直下の語の接続を確認する。文末の場合は係り結びを確認する。

⬇① 直下の「む」は未然形接続の助動詞。
「て」は完了の助動詞「つ」の未然形。

⬇② 直下は句点。文末である。上に係助詞「なむ」を確認。
係り結びで文末は連体形。

⬇③ 直下の「けり」は連用形接続の助動詞。
「に」は完了の助動詞「ぬ」の連用形。

⬇④ 直下の「ば」は未然形または已然形に接続する接続助詞。
「な」は完了の助動詞「ぬ」の未然形。

5 次の［　］の中の語を、適当に活用させて答えよ。

① 船に乗り［ぬ］むとす。
船に乗ってしまおうとする。

② その人かたちよりは心なむまさりたり［けり］。
その人は容貌よりは心（のほう）がまさっていた。

③ 御胸のみつとふたがりて、つゆまどろま［る］ず。
御胸ばかりがいっぱいになって、少しもうとうとすることができない。

④ 宣長、県居の大人（＝賀茂真淵）に会ひたてまつりしは、この里にひと夜宿り給へ［り］［き］折、一度のみなりき。
（私）宣長が、賀茂真淵（先生）にお会い申し上げたのは、この里に（先生が）一度お泊まりになっていたとき、一度だけだった。

⑤ あやしくさまざまにもの思ふ［べし］ける身かな。
ふしぎにさまざまに物思いに沈むに違いなかった我が身だなあ。

①	②	③
な	ける	れ

④		⑤
り	し	べかり

5 直下の語の接続を確認する。文末の場合は係り結びを確認する。

➡① 「ぬ」はナ変型の活用をする。直下の助動詞「む」は未然形接続。

➡② 「けり」はラ変型の活用をする。文末であるから上を確認。係助詞「なむ」があるので文末は連体形。

➡③ 「る」は下二段型の活用をする。直下の助動詞「ず」は未然形接続。

➡④ 助動詞が連続していても、手順は同じである。「り」はラ変型の活用をする。直下の助動詞「き」は連用形接続。「き」は特殊型の活用をする。「(せ)・○・き・し・しか・○」と活用。直下に体言「折」があるので連体形になる。

➡⑤ 「べし」は形容詞型の活用をする。形容詞型活用語は、形容詞と同じように下に助動詞がつくときは原則的にカリ系列を用いる。直下の「ける」は「けり」の連体形。「けり」は連用形接続の助動詞だから、「べかり」が答え。

7 助動詞（二）「き」「けり」

練習ドリル の解答

1 次の例文から過去の助動詞を抜き出せ。

① 雨のいたく降りしかば、え参らずなりにき。（二つ）
雨がひどく降ったので、参上できなくなってしまった。

② 大納言なりける人、小侍従と聞こえし歌詠みに通はれけり。（三つ）
大納言であった人が、小侍従と言われた歌人のもとへ通いなさった。

①	しか	き	
②	ける	し	けり

2 次の傍線部「し」のうち、過去の助動詞「き」を選べ。

イ 春の海に秋の木の葉しも散れるやうにぞありける。
春の海に秋の木の葉が散っているようであった。

ロ いとかなしうし給ひけり。
とてもかわいがりなさった。

ハ そのままになむ居られにし。
そのままで座っていらっしゃった。

ハ

練習ドリル の解説

1 過去の助動詞は「き」または「けり」である。

➡ ①「しか」は直上が連用形で、直下が已然形接続の「ば」であるから、過去の助動詞「き」の已然形「しか」。「き」は直上が完了の助動詞「ぬ」の連用形（→6助動詞入門 ポイントC 参照）、文末なので終止形「き」。

➡ ②「ける」は直上が断定の助動詞「なり」の連用形で、直下が体言であるから、過去の助動詞「けり」の連体形「ける」。「し」は直上がヤ行下二段動詞「聞こゆ」の連用形で、直下が体言であるから、過去の助動詞「き」の連体形「し」。「けり」は直上が尊敬の助動詞「る」の連用形で、文末なので終止形「けり」。

2 「し」の識別。ポイントA を確認する。

➡ イ 強意の副助詞。「し」を取り払っても文の意味が変わらない。「しも」の形をとることが多い。

➡ ロ サ変動詞「す」の連用形。直下が敬語動詞「給ふ」。直上がシク活用の形容詞「かなし」の連用形ウ音便。「かなしうす」で一語のサ変動詞とする説もある。

➡ ハ 過去の助動詞「き」の連体形。文末にあり、上に係助詞「なむ」があるので係り結びで連体形。「し」が連体形になるのは過去の助動詞「き」しかない。

3 次の例文の「こそ」の結びを答えよ。

① 文ことばなめき人こそいとにくけれ。
手紙の言葉が無礼な人はとても憎らしい。

② 七夕まつるこそなまめかしけれ。
七夕を祭るのは優美である。

③ 白雲のかからぬ峰こそなかりけれ
白い雲がかかっていない山頂はなかった。

①	②	③
にくけれ	なまめかしけれ	けれ

3 過去の助動詞の已然形の「けれ」なのか、形容詞や形容詞型の助動詞の已然形活用語尾の「けれ」なのかを見分ける。

① 「けれ」の直上が連用形になっていない。「にくけれ」で一語。ク活用の形容詞「にくし」の已然形。

② 「けれ」の直上が連用形になっていない。「なまめかしけれ」で一語。シク活用の形容詞「なまめかし」の已然形。

③ 「けれ」の直上の「なかり」はク活用の形容詞「なし」の連用形。「けれ」で一語。過去の助動詞「けり」の已然形。

4 次の傍線部の文法的意味として適当なものを、それぞれ後から選べ。

① 身はいやしながら母なむ宮なりける。
（男は）身分は低いが母は皇族であった。

② 深山には松の雪だに消えなくに都は野辺の若菜摘みけり
山奥では松に降り積もる雪さえ消えていないのに、都では野辺の若菜を摘んでいることだ。

③ 「命長きは憂きことにこそありけれ」とて、「いかで御供に参りなむ」とのみ、中納言殿も帥殿も泣きたまふ。
「長生きするのはつらいことであるなあ」と言って、「なんとかしてお供として参上してしまいたい」とだけ（言って）、中納言殿も帥殿も泣きなさる。

イ 過去　ロ 詠嘆

①	②	③
イ	ロ	ロ

4 ポイントBを確認する。

① 次の②③以外は過去である。

② 和歌の中で言い切りの形の「けり」は詠嘆。

③ 会話文中にあって、言い切りの形で、話者の感想を表しているときは詠嘆。ここでは係り結びの結びになっている。

8 助動詞(二)「つ」「ぬ」

練習ドリル の解答

1 次の例文から助動詞「つ」「ぬ」を抜き出し、その活用形を答えよ。

① 水おびたたしくわき上がつて、ほどなく湯にぞなりにける。
水がひどく沸き上がって、すぐに湯になってしまった。

② 蛇をば大井川に流してけり。
蛇を大井川に流してしまった。

③「はや、殺し給ひてよかし」
「早く、殺してしまいなさいよ」

④「とく帰り給ひね」
「早くお帰りになってしまえ」

	抜き出し	活用形
①	に	連用形
②	て	連用形
③	てよ	命令形
④	ね	命令形

2 次の□に合うように、助動詞「ぬ」を活用させて答えよ。

① いつのまに五月来□らむ
いつのまに五月が来てしまっているのだろうか。

練習ドリル の解説

1 「つ」「ぬ」の活用を覚える。特に「て」と「に」は他の品詞と識別させる問題が出題されやすい。

→① 「連用形＋に＋けり」の形のとき、「に」は完了の助動詞「ぬ」の連用形である。

→② 「連用形＋て＋けり」の形のとき、「て」は完了の助動詞「つ」の連用形である。

→③ 「つ」の活用のうち、「てよ」は命令形のみ。「て＋よ」としないように注意。

→④ 「ね」は打消の「ず」の已然形か、完了の「ぬ」の命令形。係助詞「こそ」がないので、文末は已然形にならない。

2 □の後に続く語をよく見て、「ぬ」の活用形を考える。

→① 助動詞「らむ」は終止形の下につく。よって、「ぬ」の終止形を入れる。

② 「主おはせずとも、（私は）さぶらひ［　　］む」
「ご主人がいらっしゃらなくても、（私は）きっとお仕えするつもりだ」

③ 夜のほのぼのと明くるに、泣く泣く帰り［　　］けり。
夜がほのかに明けてくるので、泣きながら帰ってしまった。

④ 「二百九十歳にぞ、今年はなりはべり［　　］」
「百九十歳に、今年はなりました」

①	②
ぬ	な

③	④
に	ぬる

3 次の傍線部を現代語訳せよ。

① 盛りにならば容貌も限りなくよく、髪もいみじく長くなりなむ。
（私も）適齢期になったら容貌も限りなくよく、髪もたいそうきっと長くなるだろう。

② にはかに胸を病みて亡せにきとなむ聞く。
急に胸の病気になって亡くなってしまったと聞く。

①	きっと長くなるだろう
②	亡くなってしまった

→② 「む」は未然形の下につく。よって、「ぬ」の未然形「な」を入れる。

→③ 「けり」は連用形の下につく。よって、「ぬ」の連用形「に」を入れる。典型的な「～にけり」の形。

→④ ［　　］の下にカギ括弧（」）があるから［　　］は文末。上に係助詞「ぞ」があるので係り結び。文末は連体形の「ぬる」にする。

3 助動詞の意味を考えながら注意して訳す。

→① 「なむ」の「な」は完了の助動詞「ぬ」の未然形、「む」は推量の助動詞。

→② 「～にき」の「に」は完了の意。

9 助動詞(三)「ず」

練習ドリル の解答

1 次の例文から助動詞「ず」を抜き出し、その活用形を答えよ。

① 京には見えぬ鳥なればみな人見知らず。(二つ)

都では見ることができない鳥であるから人は誰も知らない。

② 人の心すなほならねば、偽りなきにしもあらず。(二つ)

人間の心はまっすぐではないので、偽りがないわけではない。

	抜き出し	活用形	抜き出し	活用形
①	ぬ	連体形	ず	終止形
②	ね	已然形	ず	終止形

2 次の□に合うように、助動詞「ず」を活用させて答えよ。

① 船の人も見え□なりぬ。

船に乗っている人も見えなくなってしまった。

②「かかる目見む」とは思は□けむ。

「こんな目に遭うだろう」とは思わなかったのだろう。

③「この国に見え□玉の枝なり」

「この国では見ることができない宝石でできている木の枝である」

④「などてか、さぶらは□む」

「どうして、お仕えしないことがあろうか、いや、お仕えするつもりだ」

練習ドリル の解説

1 「ず」の活用をしっかり覚える。

➡ ①「見えぬ」の「ぬ」は「鳥」という名詞(体言)の上にあるから連体形。「知らず」の「ず」は文末にあるから終止形。

➡ ②「ねば」の「ね」は助詞「ば」の上にあるから未然形か已然形。打消の「ず」が「ね」となるのは已然形のみ。「〜ねば」で「〜ないので」と訳す。「あらず」の「ず」は文末にあるから終止形。

2 空欄部の下の語をよく検討して、活用形を決定する。

➡ ①「なり」は助動詞ではなく、四段活用の動詞。「〜ず+なり」の形は覚えてしまった方がよい。「〜なくなって」と訳す。動詞に連なるのは連用形。動詞の上なので「ざり」ではなく「ず」を用いる。

➡ ②「けむ」は連用形接続の助動詞。助動詞の上はザリ系列になるので「ざり」が答え。

➡ ③「玉の枝」という名詞の上にあるから連体形。「玉の枝」は助動詞ではないので「ざる」ではなくて「ぬ」を用いる。

①	②	③	④
ず	ざり	ぬ	ざら

↓④「む」は未然形接続の助動詞。助動詞の上はザリ系列になるので「ざら」が答え。

3 **次の傍線部を、解答例にならって品詞分解せよ。**

① 歯黒め付けねば、いと世づかず。
お歯黒をつけていないので、たいして色気もない。

② 飛ぶ鳥の声も聞こえぬ奥山の深き心を人は知らなむ
飛ぶ鳥の声も聞こえない山奥のように、深い私の心をあの人には知ってほしい。

①	付け	動詞 下二段・未然形
	ね	助動詞 打消・已然形
	ば	助詞
	世づか	動詞 四段・未然形
	ず	助動詞 打消・終止形
②	声	名詞
	も	助詞
	聞こえ	動詞 下二段・未然形
	ぬ	助動詞 打消・連体形

3 **品詞分解は、下から見上げていくのが原則。下の語を無視して形だけで決めない。**

↓①「ば」は未然形か已然形接続の助詞。「ね」が未然形になることはないので已然形。「ね」が已然形になるのは打消の「ず」。「ず」は未然形接続だから「付け」は未然形。「付け」は「付け＋ず」となり、下二段活用。

↓「ず」は文末にあるから、打消の終止形。「世づか」の「か」はア段音だから「世づか＋ず」となり、四段活用。「ず」の上にあるから未然形。

↓②「ぬ」は「奥山」という名詞の上にあるから連体形。連体形が「ぬ」になるのは打消の「ず」。「聞こえ」は「ず」の上にあるから未然形。「聞こえ＋ず」となるから下二段活用。「も」は助詞。「声」は名詞。

10 助動詞（四）「たり」「り」

練習ドリルの解答

1 **次の例文中の完了の助動詞「り」に傍線を引き、その活用形を答えよ。**

① 立てる人どもは、装束の清らなること、物にも似ず。
立っている人たちは、衣服の美しいことが、何にもたとえようがない。

② （あなたは）またとのたまへれど、わが身すでに老いたり。
（あなたは）また再びとおっしゃったけれど、わが身はすでに老いてしまった。

③ あたら夜の月と花とを同じくはあはれ知れらむ人に見せばや
（一人で見るには）惜しい夜の月と花とを、同じことならば風流を解しているような人に見せたい。

④ やまと歌は人の心を種として、よろづの言の葉とぞなれりける。
和歌は人の心を源として、さまざまな言葉となった（ものである）。

⑤ 今宵はただに臥し給へれ。
今夜は何もしないで横になっていてください。

①	②	③	④	⑤
連体形	**已然**形	**未然**形	**連用**形	**命令**形

練習ドリルの解説

1 **まず、「り」の活用した形「ら・り・る・れ」を見つける。次に、完了の助動詞「り」は直上がエ段音の動詞であることを確認する。**

⬇ ① 直下に体言「人ども」があるので連体形。

⬇ ② 直下に接続助詞「ど」があるので已然形。

⬇ ③ 直下に助動詞「む」があるので未然形。

⬇ ④ 直下に助動詞「けり」があるので連用形。「ける」の「る」は直上がエ段音だが、助動詞「けり」の一部である。

⬇ ⑤ 「れ」の形は已然形か命令形のどちらかだが、文末にある場合は、上に「こそ」がなければ已然形にならない。

2 次の□に、「り」または「たり」のいずれかを入れよ。

① 唐装束をし、髪あげて舞をせ□。
唐装束を身につけ、髪上げをして舞をした。

② かきつばたいとおもしろく咲き□。
かきつばたがたいそう美しく咲いている。

③ その山のそばひらを巡れば、世の中になき花の木ども立て□。
その山の傍らを巡ると、世の中にない花の木などが立っている。

④ 金・銀・瑠璃色の水、山より流れ出で□。
金・銀・瑠璃色の水が、山から流れ出でいる。

①	②	③	④
り	たり	り	たり

3 次の傍線部を、助動詞に注意して現代語訳せよ。

白波に秋の木の葉の浮かべる[a]を海人の流せる[b]舟かとぞみる
白い波に秋の木の葉が浮かんでいる様子を（まるで）漁師の流した船かと（思って）見る。

a	b
浮かんでいる（様子）	流した

2 接続に注目して答えを導く。「り」はサ変動詞の未然形か四段動詞の已然形（命令形）に接続する。「たり」は連用形に接続する。

➡ ①「せ」はサ変動詞の未然形。
➡ ②「咲き」は四段動詞の連用形。
➡ ③「立つ」は現代語でいうと「（～が）立つ」（自動詞）と「（～を）立てる」（他動詞）と二つの意味がある。③の「立て」は「花の木ども」が主語として上にあるので前者。下に「ず」をつけると「立た＋ず」となり四段活用。「立て」は四段動詞「立つ」の已然形（命令形）。
➡ ④「流れ出で」は下二段動詞の連用形。

3 ポイントB を確認する。

➡ どちらの「る」も完了の助動詞「り」の連体形であるが、文脈を考慮して、前者は今「木の葉が浮かんでいる」と存続で訳し、後者はそれを既に「漁師が流した船かと思って見る」と完了で訳す。

11 助動詞（五）「る」「らる」

練習ドリル の解答

1 次の例文中の助動詞「る」「らる」に傍線を引き、その活用形を答えよ。

① 泊まる方は思ひかけられず。
泊まることは期待できない。

② 家居にこそ、ことざまはおしはからるれ。
住まいによって、（家の主の）様子は自然と推察される。

③ ありがたきもの、舅にほめらるる婿。
めったにないもの、舅にほめられる婿。

④ 僧たち、祈り試みられよ。
お坊さんたち、祈ってみてください。

①	②	③	④
未然形	已然形	連体形	命令形

2 次の傍線部の文法的意味として適当なものを、それぞれ後から選べ。

① あまりに水が速うて、馬は押し流され候ひぬ。
あまりに水（の流れ）が速くて、馬は押し流されました。

② 少将殿は、まことに心細く仰せらるるもいたはし。
少将殿は、実に心細くおっしゃるのも気の毒である。

③ 御庵のさま、御住まひ、ことがら、すべて目もあてられず。
御庵の様子も、御住まいも、事のありさまも、すべて直視することもできない。

練習ドリル の解説

1 「る」「らる」は、ともに未然形接続の助動詞であるが、四段・ナ変・ラ変動詞（ア段音）の下には「る」が、その他の語には「らる」が付く。

⬇① 「思ひかけ」はカ行下二段動詞「思ひかく」の未然形。よって「らる」が使われている。直下が未然形接続の助動詞「ず」なので未然形。

⬇② 「おしはから」はラ行四段動詞「おしはかる」の未然形。よって「る」が使われている。文末で、上に係助詞「こそ」があるので已然形。

⬇③ 「ほめ」はマ行下二段動詞「ほむ」の未然形。よって「らる」が使われている。直下に体言「婿」があるので連体形。

⬇④ 「試み」はマ行上一段動詞「試みる」の未然形。よって「らる」が使われている。文末で、形を見ると命令形。文意からも命令形である。

2 ポイントBを確認する。

⬇① 「馬は」の後に「水に」を補える。また、文意から自発・可能・尊敬は不可。

⬇② 「仰せらる」の「らる」は絶対に尊敬である。

④ 折々のこと思ひ出で給ふに、よよと泣かれ給ふ。

さまざまな折のことを思い出しなさると、ついおいおいとお泣きになる。

イ 自発　ロ 可能　ハ 受身　ニ 尊敬

①	②	③	④
ハ	ニ	ロ	イ

3 次の傍線部を現代語訳せよ。

① 大将さらばとて、東の門より参られけり。

大将は「それでは」と言って、東の門を通って参上なさった。

② 今日は都のみぞ思ひやらるる。

今日は都のことばかりを自然と思い出す。

③ 涙のこぼるるに、目も見えずものも言はれず。

涙がこぼれるので、目も見えなくてものも言うことができない。

④ 敵はあまたあり、そこにてつひに討たれにけり。

敵はたくさんいて、そこでとうとう討たれてしまった。

①	②	③	④
参上なさった	自然と思い出す	ものも言うことができない	討たれてしまった

➡ ③ 直下に打消の助動詞「ず」がある。

➡ ④「泣く」は心情語である。

＊「れ給ふ」「られ給ふ」の「れ」「られ」は決して尊敬にはならないので注意。

3 「る」「らる」の活用したものを見つけ、文法的意味を考える。受身以外は「～れる」「～られる」で訳さない。

➡ ①「れ」は尊敬の助動詞「る」の連用形。自発・可能・受身にならず、主語が貴人の「大将」である。

➡ ②「るる」は自発の助動詞「る」の連体形。「思ひやる」は心情語である。

➡ ③「れ」は可能の助動詞「る」の未然形。「ず」が打消の助動詞。

➡ ④「れ」は受身の助動詞「る」の連用形。「つひに」の後に「敵に」を補える。「にけり」の「に」は完了の助動詞「ぬ」の連用形。「～にけり」で「～てしまった」と訳す。

12 助動詞(六)「す」「さす」「しむ」

練習ドリル の解答

1 次の例文中の助動詞「す」「さす」「しむ」に傍線を引き、その活用形を答えよ。

① 御格子上げさせて、御簾を高く上げたれば、笑はせたまふ。(二つ)
格子を上げさせて、御簾を高く巻き上げたところ、お笑いになる。

② ただこの嫗の食はすれば食ひ、食はせねば食はであり。(二つ)
ただこの老婆が食わせると食い、食わせないと食わないでいる。

③ 愚かなる人の目をよろこばしむる楽しみ、またあぢきなし。
愚かな人が目を喜ばせる楽しみは、またつまらない(ものだ)。

④ 柵を切り落とさせ給へ。水は程なく落つべし。
柵を切り落としてください。水は間もなく落ちてくるだろう。

①	②	③	④
連用形	已然形	連体形	連用形
連用形	未然形		

2 次の傍線部の文法的意味として適当なものを、それぞれ後から選べ。

① 御年六十二にて失せさせ(a)おはしましけるを、
お年が六十二歳でお亡くなりになったが、

練習ドリル の解説

1 「す」「さす」は、ともに未然形接続の助動詞であるが、四段・ナ変・ラ変動詞(ア段音)の下には「す」が、その他の語には「さす」がつく。

→① 「上げ」はガ行下二段動詞「上ぐ」の未然形。よって「さす」が使われている。助詞「て」の上にあるので連用形。「笑は」はハ行四段動詞「笑ふ」の未然形。よって「す」が使われている。直下が用言「たまふ」だから連用形。

→② 二つの「食は」はハ行四段動詞「食ふ」の未然形。よって「す」が使われている。「すれ」は活用の形から已然形。「せ」は助動詞「ず」の已然形「ね」の上だから未然形。

→③ 「よろこば」はバ行四段動詞「よろこぶ」の未然形。直下が体言「楽しみ」なので連体形。

→④ 「落とさ」はサ行四段動詞「落とす」の未然形。よって「す」が使われている。直下が用言「給へ」だから連用形。

2 「す」「さす」の意味は、まず直下の語に注目する。

→① 直下に尊敬語「おはします」がある。また、文意から使役にはならない。

② 殿ありかせ給ひて、御随身召して遣水はらはせ給ふ。

殿（＝藤原道長）は歩き回りなさって、従者をお呼びになって（ごみの浮いた）遣水をきれいにさせなさる。

③ 燕の巣に手をさし入れさせて探るに、「物もなし」と申すに、

燕の巣に手を差し入れさせて探るが、「何もない」と申し上げるので、

イ 尊敬　　ロ 使役

a	b	c	d
イ	イ	ロ	ロ

3 次の傍線部を現代語訳せよ。

① 上も聞こしめし、めでさせ給ふ。

帝もお聞きになり、お褒めになる。

② 御琴召して、内にも、この方に心得たる人々に弾かせ給ふ。

御琴をお取り寄せになって、この中でも、琴の演奏に心得のある人々に弾かせなさる。

①	②
おほめになる（賞賛なさる）	弾かせなさる

➡ ② b・cともに下に尊敬語「給ふ」がある。下に「給ふ」を伴う「す・さす」は尊敬になる場合が多いが、cは「御随身召して」と使役の対象が明らかなので、尊敬ではなく使役と考える。

➡ ③ 直下に尊敬語がないので使役である。

3 「す」「さす」の活用したものを見つけ、文法的意味を考える。

➡ ① 「させ」は、尊敬の助動詞「さす」の連用形。「させ給ふ」で「～なさる・お～になる」と訳せばよい。

➡ ② 「せ給ふ」の形ではあるが、「この方に心得たる人々に」と何かをさせる相手が書いてあるので、「せ」は使役の助動詞「す」の連用形。

13 助動詞（七）「む」「むず」「じ」

練習ドリル の解答

1 次の傍線部の文法的意味として適当なものを、それぞれ後から選べ。

① 筆を取れば物書かれ、楽器を取れば音を立てむと思ふ。
筆を（手に）取るとつい何かを書き、楽器を（手に）取ると音を立てようと思う。

② 「少納言よ、香炉峰の雪いかならむ」
「清少納言よ、香炉峰の雪はどのようであろうか」

③ 子といふものなくてありなむ。
子どもというものはきっといないほうがよい。

④ 一生の恥、これに過ぐるはあらじ。
一生の恥は、これにまさるものはありはしないだろう。

⑤ 思はむ子を法師になしたらむこそ心苦しけれ。
（いとしく）思うような子どもをもし法師にしたとしたら（それは）かわいそうだ。

⑥ 「われはしかじかのことありしかば、そこに(堂を)建てむずるぞ」
「私はこれこれのことがあったので、そこに（お堂を）建てるつもりだよ」

イ 推量　ロ 意志　ハ 婉曲・仮定
ニ 適当・勧誘　ホ 打消推量　ヘ 打消意志

①	②	③	④
ロ	イ	ニ	ホ

⑤	⑥
ハ	ロ

練習ドリル の解説

1 「む」「むず」「じ」は複数の意味を持つ。ポイントB の意味の見分け方に従って、区別する。しかし、短い例文では意味を決めがたいものもあり、入試によく出される例文は覚えておくというのが、現実的対処法といえる。

➡ ① 「物書かれ」の「れ」が自発、「立てむ」の「む」が意志と考えると、「筆を取れば」「楽器を取れば」の表現とよく合う。「む」は意志（～しよう）と考える。有名な例文である。

➡ ② 文末の「む」はまず推量か意志で訳してみる。「いかならむ」を訳してみると「どのようであろうか」となるので推量である。

➡ ③ この例文は適当の「む」の典型的なものである。覚えておこう。

➡ ④ 「じ」は打消推量か打消意志しかない。「これに過ぐるはあらじ」を訳してみると「これにまさるものはないだろう」となるので打消推量である。

➡ ⑤ 「む」の直下に体言か助詞があったら、「む」は婉曲（～ような）・仮定（～としたら）と考える。これもよく出される例文である。

➡ ⑥ 「われは……建てむずる」で「私は…建てるつもりだ」と訳せる。

2 次の傍線部の現代語訳として最も適当なものを、それぞれ後から選べ。

①「などかくは急ぎ給ふ。花を見てこそ帰り給はめ」

「どうしてこのようにお急ぎになるのか。花を見てお帰りになってはどうか」

イ お帰りになるだろう

ロ 帰っただろう

ハ お帰りになってはどうか

ニ 帰ることにしよう

②「（我は）心憂き身なれば、尼になりなむ」と思へど、

「（私は）つらい身の上であるので、尼になってしまおう」と思うけれども、

イ 尼になってしまおう

ロ 尼になっただろう

ハ 尼になってしまってはどうか

ニ 尼にきっとなれるだろう

①	②
ハ	イ

2「む」は **1** と同じように ポイントB の意味の見分け方によって判断する。

➡ ① 会話文で尊敬語（給ふ）が使われているので主語は会話主ではないことがわかる。今まさに帰ろうとしている相手に向けて話しかけていると考えられるので、「め」を適当・勧誘で訳すのがよい。これも、適当・勧誘の例文としてよく出題されるものである。

➡ ②「（我は）心憂き身なれば」とは、「（私は）つらい身の上であるので」の意。原因理由の文である。したがって、下には「〜だろう」と続くより「〜よう」と続くのが自然なつながりで、「む」は意志と考えるほうがよい。
「なむ」の「な」は完了の助動詞「ぬ」の未然形の強意用法で「きっと・必ず」または「してしまう」などと訳す。

＊「む」「むず」は、主体の人称によって意味を判断できる場合もあるが、かならず文脈を確認したうえで決定しなければならない。

14 助動詞（八）「らむ」「けむ」

練習ドリル の解答

1 次の傍線部を、助動詞に注意して現代語訳せよ。

① 昔、男ありけり。京や住み憂かりけむ、東の方に行きて、
昔、男がいた。都が暮らしづらかったのだろうか、東国へ行って、

② 憶良らは今はまからむ子泣くらむそれその母も吾を待つらむぞ
（この私、）憶良はもう退出しよう。（今ごろ家で）子どもが泣いているだろう。その母も私（の帰り）を待っているだろうよ。

③ わ翁の年こそ聞かまほしけれ。生まれけむ年は知りたりや。
ご老人（、あなた）の年を聞きたいものだ。生まれたという年は知っているか。

①	②	③
都が暮らしづらかったのだろうか	子どもが泣いているだろう	生まれたとかいう年

2 次の□に合うように、「らむ」か「けむ」を活用させて答えよ。

① 色も香も昔の濃さに匂へども植ゑ□人の影ぞ恋しき
（この梅の花は）色も香りも以前と同じ濃さで美しく咲き匂っているが、植えた人の面影が恋しく思われることだ。

② 吉野川岸のやまぶき咲きにけり峰の桜は散りはてぬ□
吉野川の岸の山吹が咲き始めたなあ。峰の桜は（今ごろ）散ってしまっているだろう。

①	②
けむ	らむ

練習ドリル の解説

1 「らむ」は現在推量、「けむ」は過去推量が基本だが、「らむ」には現在の伝聞・婉曲、「けむ」には過去の伝聞・婉曲の用法もある。

↓① 「京や」の「や」は疑問の係助詞。「住み憂かり」は「住み憂し」の連用形で、「暮らしづらい」の意。「けむ」は過去推量である。

↓② 「らむ」は現在推量で、「～ているだろう」と訳せばよい。目の前に見えないもの、つまり家での子どもの様子を推量している。

↓③ 「生まれけむ」の「けむ」は直下に体言があるので、過去の伝聞・婉曲（～たとかいう・～たような）である。
「けむ」が過去の伝聞・婉曲になるのは、「む」が仮定・婉曲になるときと同じで、直下に体言か助詞があるときである。

2 「らむ」は終止形接続（ラ変型活用語には連体形接続）、「けむ」は連用形接続の助動詞であることを踏まえて、どちらを入れるかを決める。

↓① 空欄の上にはワ行下二段動詞「植う」の連用形「植ゑ」があるので、「けむ」を入れる。空欄の下に「人」という体言があるので、「けむ」は連体形の「けむ」にする。

↓② 空欄の上には完了の助動詞「ぬ」の終止形があるので、「らむ」を入れる（「ぬ」を打消の助動詞「ず」の連体形と考えると、「けむ」も「らむ」も当てはまらない）。係り結びも何もないので、「らむ」は終止形でよい。

3 次の傍線部「らむ」について、文法的説明の正しいものを、それぞれ後から選べ。

① 折にふれば、何かはあはれならざらむ。
よい時機にあたると、何が風情がないだろうか、いや、何にでも風情があるだろう。

② 何事にかあらむ、ことごとしくののしりて、
何事であろうか、おおげさに騒ぎ立てて、

③ 生けらむほどは武に誇るべからず。
生きているような間は武勇を誇ってはならない。

④ かくて都にあるならば、また憂き目をも見むずらむ。
こうして都にいるならば、再びつらい目にも遭うだろう。

イ 助動詞
ロ 助動詞の一部＋助動詞
ハ 助動詞＋助動詞
ニ 動詞の一部＋助動詞

①	②	③	④
ロ	ニ	ハ	イ

3 「らむ」が一語の助動詞であれば、「らむ」の上は終止形（ラ変型活用語なら連体形）である。

⬇① 「あはれならざらむ」は、形容動詞「あはれなり」の未然形「あはれなら」＋打消の助動詞「ず」の未然形「ざら」＋推量の助動詞「む」である。

⬇② 「あらむ」は、ラ変動詞「あり」の未然形「あら」＋推量の助動詞「む」である。

⬇③ 「生けらむ」は、四段動詞「生く」の已然形（命令形）「生け」＋完了・存続の助動詞「り」の未然形「ら」＋婉曲の助動詞「む」である。

⬇④ 「見むずらむ」は、マ行上一段動詞「見る」の未然形「見」＋推量の助動詞「むず」の終止形＋現在推量の助動詞「らむ」の終止形である。

＊「むずらむ」は、二語合わせて「〜だろう」と訳す。

15 助動詞（九）「べし」「まじ」

練習ドリル の解答

1 次の□に合うように、「まじ」を活用させて記入せよ。

① 冬枯れの気色こそ秋にはをさをさ劣る［まじけれ］。
冬枯れの景色は秋（の景色）に比べてほとんど劣ることはないだろう。

② この女見では世にある［まじき］心地のしければ、
この女と結婚しないでは生きていくことはできない気持ちがしたので、

2 次の傍線部の現代語訳として最も適当なものを、それぞれ後から選べ。

① 惟光の朝臣の宿る所にまかりていそぎ参るべきよし言へ。
惟光の朝臣が泊まっている所に行って急いで参上せよということを言え。

イ 急いで参上しようということを
ロ 急いで参上せよということを
ハ 急いで参上するだろうということを
ニ 急いで参上できるということを

② 咲きぬべきほどの梢、散りしをれたる庭などこそ見どころ多けれ。
今にも花が咲きそうなぐらいの梢や、散りしおれている庭などは見所が多い。

イ 今にも花が咲きそうなぐらいの
ロ 花が咲いたにちがいない頃の
ハ 花が咲いてほしいぐらいの
ニ 今まさに花の咲いている頃の

練習ドリル の解説

1 「まじ」は、「べし」と同じく形容詞型の活用をする。

→① 例文中に係助詞「こそ」があるので、係り結びで、文末は已然形にしなければならない。「まじ」の已然形は「まじけれ」である。

→② 空欄の下に「心地」という体言があるので、□には「まじ」の連体形を入れる。連体形は「まじき」と「まじかる」があるが、カリ系列は下に助動詞がつくときに用いられるものであるから、「まじかる」ではなく「まじき」が答えとなる。

2 「べし」と「まじ」にはそれぞれ六つもの意味がある。それぞれをどう訳すと前後にうまく意味がつながるかを一つ一つ考えていく。

→① 傍線部の「べき」は命令（〜せよ）である。「〜べきよし」というときの「べし」はたいてい命令を表し、「〜べきよし」で「〜せよということを」などと訳すことが多い。

→② 傍線部の「ぬべき」は、強意の助動詞「ぬ」＋推量の助動詞「べき」で、「きっと〜だろう」と訳す。だから、直訳すると「きっと咲くだろう程度の」で、それをこなれた訳にすると「今にも花が咲きそうなぐらいの」となる。

③「人にも漏らさせ給ふまじ」と、御口固めきこえ給ふ。
「人にも漏らしなさってはいけない」と、お口止め申し上げなさる。
イ 漏らしなさらないつもりだ
ロ 漏らしなさるはずがない
ハ 漏らしなさらないだろう
ニ 漏らしなさってはいけない

④人のたはやすく通ふまじからむ所に跡を絶えて籠もり居なむ。
人が簡単に通えないような所に消息を絶って籠もってしまおう
イ 通っていけそうな所
ロ 通っていくはずの所
ハ 通えないような所
ニ 通う必要がなかった所

①	ロ	②	イ	③	ニ	④	ハ

⬇③下で「御口固めきこえ給ふ」と口止めしているから、傍線部の「まじ」は禁止（～するな・～てはならない）である。

⬇④傍線部の「通ふまじからむ」を品詞分解すると、「通ふ＋まじから＋む」である。「まじから」の六つの意味を考えてみると、イ・ロには打消の意味がない。ニは「まじ」を「～必要がなかった」と訳しているが、「まじ」にはそのような意味はない。ハは「まじ」を不可能と考えた訳で、前後にもうまくつながる。「む」は婉曲で「～ような」と訳す。

16 助動詞（十）「なり」「なり」

練習ドリルの解答

1 次の□A～Gに入れるのに適当なものを、それぞれ後から選べ。

① 比叡の山のふもとなれば、雪いと高し。
比叡山の麓であるので、雪がとても深い。

② 「荻の葉、荻の葉」と呼ばすれど、答へざなり。
「荻の葉、荻の葉」と呼ばせるけれども、答えないようだ。

③ 雀こそいたく鳴くなれ。ありし雀の来るにやあらむ。
雀がたいそう鳴くのが聞こえる。以前の雀が来たのだろうか。

例文①の「なれ」は［A］に接続しているので、［B］である。例文②の「なり」の上の「ざ」は、もとの形は［C］で、その撥音便無表記形であるから、この場合「なり」は［D］である。例文③の「なれ」の上の「鳴く」は四段活用動詞で、［E］と［F］とが同形なので、接続からは判定できないが、「鳴く」という音を表す語があるので、「なれ」は［G］である。

イ 断定の助動詞　ロ 伝聞推定の助動詞　ハ 未然形
ニ 連用形　ホ 終止形　ヘ 連体形
ト 体言　チ ざり　リ ざる

A	B	C	D	E	F	G
ト	イ	リ	ロ	ホ（ヘ）	ヘ（ホ）	ロ

練習ドリルの解説

1 助動詞「なり」は二種類あり、まず接続で区別すること、伝聞推定の「なり」の上は撥音便化しやすいことなどを踏まえて解く。

↓ ① 体言「ふもと」の下に接続しているので「なれ」は断定の助動詞。「ふもとなれば」は「麓であるので」の意になる。

↓ ② 「なり」の上の「ざ」は、打消の助動詞「ず」の連体形「ざる」が撥音便化して「ざん」となり、「ざん」の「ん」が表記されていない形である。「ざ（ん）なり」の「なり」は、「あ（ん）なり」や「な（ん）なり」の「なり」と同じく、伝聞推定の助動詞。よって、「答へざなり」は「答えないようだ」という訳になる。

＊「ん」になるのは、ラ変型で活用する語の連体形の一部である。ラ変型の語の連体形の下には、断定も伝聞推定も接続するのだが、上が「ん」になるのは伝聞推定のみ。

↓ ③ 四段活用の動詞は終止形と連体形が同じ形である。この例文でも「鳴く」が終止形なら「なれ」は伝聞推定、「鳴く」が連体形なら「なれ」は断定となる。ここで伝聞推定の「なり」は音や声による聴覚推定であるという本来の働きを考えると、「いたく鳴くなれ」とは目に見えていない事柄を音によって推定しているので、「なる」は伝聞推定と判断できる。例えば、「手を打つなり」の「なり」なども伝聞推定である。

2 **助動詞のうちで「に」と活用するものは、断定の「なり」の連用形と完了の「ぬ」の連用形である。次の傍線部「に」を、断定の助動詞と完了の助動詞とに分類せよ。**

① この川、飛鳥川にあらねば、淵瀬さらに変はらざりけり。
この川は、飛鳥川でないので、深い所と浅い所は全く変わらなかった。

② しづかに思へば、よろづに過ぎにし方の恋しさのみぞせんかたなき。
心静かに思うと、何事も過ぎてしまったことがただ恋しいのはどうしようもない。

③（もとの妻を）かぎりなく愛しと思ひて、（新しい妻のいる）河内へも行かずなりにけり。
（もとの妻を）限りなくいとしいと思って、（新しい妻のいる）河内へも行かなくなってしまった。

④ 故治部卿の朝臣、三位になむ侍りし。
亡き治部卿の朝臣は、三位でありました。

⑤ 気色ある鳥の枯声に鳴きたるも、梟はこれにやとおぼゆ。
不気味な鳥がしゃがれ声で鳴いているのも、梟はこれであろうかと思われる。

断定	完了
① ④ ⑤	② ③

2 **完了の助動詞「ぬ」の連用形と断定の助動詞「なり」の連用形を区別する。**

⬇ ①「飛鳥川」という体言の下に接続しているので断定。「に」の下には「あり」の未然形「あら」があり、「～にあら」は「～である」と訳せる。

⬇ ②「過ぎ」はガ行上二段動詞の未然形か連用形なので完了。
＊「～にき」「～にけり」「～にたり」「～にけむ」の形をとる「に」は、完了の助動詞と覚えておくとよい。（→8助動詞（二）「つ」「ぬ」参照）

⬇ ③「に」の下には過去の助動詞「けり」が接続しているので完了。
＊「～ずなり」の「なり」はラ行四段動詞であって、助動詞ではない。

⬇ ④「三位」という体言の下に接続しているので断定。

⬇ ⑤「これ」という体言の下に接続しているので断定。「にや」の下には「あらむ」が省略されている。

17 助動詞（十二）「めり」「らし」

練習ドリルの解答

1 次の傍線部を、音便を含まないもとの形に直せ。

① みやつこまろが家は山もと近かなり。
みやつこまろの家は山の麓に近いそうだ。

② 兵衛太郎、兵衛次郎共に討ち死にしてんげり。
兵衛太郎、兵衛次郎は共に討ち死にしてしまった。

③ 今ひときは心も浮き立つものは、春のけしきにこそあめれ。
一段と心も浮き立つものは、春の様子であるようだ。

④ いとど忍びがたく思すべかめり。
なおいっそう（悲しみを）こらえがたくお思いになるにちがいないようだ。

⑤ 小勢に囲まれぬべうぞ見えたりける。
小数の軍勢に囲まれてしまいそうに見えていた。

①	近かるなり	②	してけり
③	あるめれ	④	思すべかるめり
⑤	囲まれぬべく		

練習ドリルの解説

1 助動詞の音便形はイ音便、ウ音便、撥音便など数種類あるが、実例をいくつか見て慣れておくというのが最も賢明な対処法である。

➡① 通常、助動詞が形容詞に接続するときは、カリ系列に接続する。（→4形容詞 ポイントA 参照）よって、「近し」に伝聞推定の「なり」が接続すると、「近かるなり」となる。これが撥音便で「近かんなり」となり、「ん」を表記していない形が「近かなり」である。

➡② 「てんげり」は、「てけり」の変化したもの。**軍記物語によく出てくる「てんげり」の形は覚えてしまうとよい。**「してんげり」の「し」はサ変動詞「す」の連用形である。

➡③ 助動詞「めり」はラ変型活用語の後に続くときは、連体形に接続する。よって、ラ変動詞「あり」に「めり」が接続すると、「あるめり」となる。これが撥音便で「あんめり」となり、「ん」を表記していない形が「あめり」である。「めれ」は「めり」の已然形である。

➡④ 「べかめり」は、もとの形は「べかるめり」（「べかる」は助動詞「べし」の連体形）で、これが撥音便で「べかんめり」となり、「ん」を表記していない形が「べかめり」である。

➡⑤ 「べう」は「べく」（助動詞「べし」の連用形）のウ音便形。「べう」の上の「ぬ」は完了の助動詞である。

2 次の例文について、後の二つの問いに答えよ。

命こそかなひ難かべいものなめれ。
命は思い通りになりにくいはずのものであるようだ。

(1) 例文中の音便形をすべてもとの形に直した文にせよ。

命こそかなひ難かるべきものなるめれ。

(2) 例文の現代語訳として最も適当なものを次の中から選べ。

イ 命があってこそ難しい願いもかなうことになるだろう。
ロ 命はあっても難しい願いはかなうことはないだろう。
ハ 命は時には思い通りになるものでもあるようだ。
ニ 命は思い通りになりにくいはずのものであるようだ。

ニ

2 形容詞の音便と助動詞の音便の複合問題である。

(1) 助動詞の音便を先に押さえると、「かなひ難かべい」の「べい」は「べき」のイ音便形であり、「なめれ」は「なるめれ」の撥音便「なんめれ」の「ん」を表記していない形である。更に形容詞の音便があり、「難か」は「難かる」（「難し」の連体形）の撥音便「**難かん**」の「**ん」を表記していない形**である。

(2) 上から一語一語押さえていくと、「命」の下の「こそ」は強意の助詞、「かなひ難か」は「望みや思いがかなうのが難しい」の意、「べい」は当然（～はず）、「な」は断定（～である）、「めれ」は推定（～ようだ）である。よって、直訳は「命は思い通りになるのが難しいはずのものであるようだ」となる。この直訳に最も近いのはニである。

18 助動詞（十二）「まし」「まほし」

練習ドリル の解答

1 次の傍線部「まし」を、反実仮想とためらいを含む意志とに分類せよ。

① 時ならず降る雪かとぞながめまし花橘の薫らざりせば

時節はずれに降る雪かと（思って）ながめたことだろうに。もし（散りゆく）花橘が香らなかったならば。

② なほこれより深き山を求めてや跡絶えなまし。

やはりここから深い山を探して行方知れずになってしまおうかしら。

③ 昼ならましかば、のぞきて見奉りてまし。

もし昼であったならば、のぞいて拝見しただろうに。

④ 折悪しきを、いかにせましと思す。

折が悪いので、どうしようかしらと思いなさる。

反実仮想	①　③
ためらいを含む意志	②　④

2 次の傍線部の後に補う言葉として、最も適当なものを選べ。

大きなる柑子の木の、枝もたわわになりたるが、まはりをきびしく囲ひたりしこそ、少しことさめて、「この木なからましかば」とおぼえしか。

大きな蜜柑（みかん）の木で、枝もたわわに実がなっている木が、その周囲を厳重に囲ってあったのは、少し興覚めで、「この木がなかったならば（よかっただろうに）」と思われた。

イ よけれ　ロ よからまし
ハ よかりき　ニ よからず

ロ

練習ドリル の解説

1 「まし」が反実仮想のときは仮定条件の文の構造をとる。ためらいを含む意志を表すときは、仮定条件を表すものがなく、疑問を表す副詞や名詞、助詞などを伴う。

➡ ①「～せば～まし」の倒置表現であり、「まし」は反実仮想を表す。

➡ ②上に「や」という疑問の係助詞があり、反実仮想の構文をとっていないので、「まし」はためらいを含む意志を表す。

➡ ③「～ましかば～まし」という典型的な反実仮想の構文をとっているので、「まし」は反実仮想である。

➡ ④上に「いかに」という疑問の副詞があり、反実仮想の構文をとっていないので、「まし」はためらいを含む意志を表す。

2 反実仮想表現の下半分を補う。

➡ 答えは「～ましかば～まし」という反実仮想の典型的な形を知っていれば決まる。

3 次の歌は、実際にはどうであると詠んでいるのか、最も適当なものを選べ。

世の中にたえて桜のなかりせば春の心はのどけからまし

イ この世に桜があるおかげで、春は咲いた桜を見て心穏やかに過ごすことができる。

ロ この世の桜がすべて枯れ果ててしまうと、春の人の心はきっとすさんでしまう。

ハ この世に桜があるせいで、春になると桜のことが気になって心が落ち着かない。

［ ハ ］

4 次の［　］に合うように、「まほし」を活用させて記入せよ。

① 愛敬ありて、言葉多からぬこそ、飽かず向かは［まほしけれ］。
かわいげがあって、言葉数が多くない人は、飽きることなく対面していたい。

② なほ捨てがたく、気色見［まほしく］て、御文つかはす。
やはり見捨てがたく、様子を見たくて、お手紙を届けなさる。

③ 少しの事にも先達はあら［まほしき］ことなり。
些細（ささい）なことについても案内役はあってほしいものである。

3 まず「〜せば〜まし」の反実仮想の構文を含んでいることを押さえる。

➡前半は仮定条件を表していると分かるので、その内容を考えよう。「なかり」が形容詞「なし」だと気づけば「もし世の中に全く桜がなかったならば」の意だと分かる。後半は「春の心はのどかだっただろうに」と直訳すればよい。
設問文の「実際には〜」とは、仮定を含まない内容を問うているので、前半は「世の中には桜があるので」となり、後半は「春の心はのどかではない」となる。

4 係り結びや下に付く語に注意して「まほし」を活用させる。

➡① 文中に「こそ」があるので、係り結びで「まほし」の已然形「まほしけれ」となる。

➡② 空欄の下に助詞「て」があるので、連用形にしなければならない。（→1古典文法 事始メ ポイントB 参照）連用形は「まほしく」と「まほしかり」があるが、「まほしかり」は下に助動詞がつくときにのみ用いる。

➡③ 空欄の下に体言「こと」があるので、「まほし」の連体形が入る。連体形は「まほしき」と「まほしかる」があるが、下に助動詞以外がつくときは、「まほしき」を用いる。

19 助詞（二）格助詞

練習ドリル の解答

1 次の傍線部a～hを、後のイ～ホに分類せよ。

① 草の花はなでしこ。唐のはさらなり。大和のもいとめでたし。
草の花はなでしこが（すばらしい）。中国のものはいうまでもない。日本のものも非常にすばらしい。

② 雁などの連ねたるが、いと小さく見ゆるは、いとをかし。
雁などで連なって飛んでいる雁が、非常に小さく見えるのは、たいそう趣がある。

③ あしひきの山鳥の尾のしだり尾のながながし夜を一人かも寝む
山鳥の尾で、垂れ下がった尾のように、長い長い秋の夜を、私は一人（わびしく）寝るのだろうか。

④ わが宿に咲ける藤波立ち返り過ぎがてにのみ人の見るらむ
私の家に咲いている風で波うつ藤の花を、行ったり来たりしながら素通りできない様子で人が見ているのだろう。

⑤ 雪のうちに春は来にけり鶯の凍れる涙今やとくらむ
雪がまだ降っているうちに春がやって来てしまったなあ。寒さで凍っていた鶯の涙も今ごろは溶けているだろうか。

⑥ この歌は、ある人のいはく、大伴黒主がなり。
この和歌は、ある人が言うことには、大伴黒主のものである。

イ 主格
ロ 連体修飾格
ハ 同格
ニ 準体格
ホ 連用修飾格

イ	ロ	ハ	ニ	ホ
f	c e g	b	a h	d

練習ドリル の解説

1 「の（が）」の五つの用法のどれにあたるかを考える。「の」をどう訳すと前後にうまく意味がつながるかを一つ一つ考えていく。

➡ a 「唐の」は「唐のもの（＝なでしこ）」の意なので準体格。

➡ b 下の連体形「たる」の下に「雁」を補えるので同格。

➡ c 「山鳥の尾」は「山鳥の尾」と訳せる。「山鳥の」は下の「尾」を修飾する言葉なので連体修飾格。

➡ d 「の」は「～のように」と訳せる。「あしひき～しだり尾の」までが「ながながし」を導く序詞なので連用修飾格。

➡ e 「わが宿」は「私の家」と訳せる。「わが」は体言「宿」を修飾する言葉なので連体修飾格。

➡ f 「人の見るらむ」は「人が見ているのだろう」と訳せる。「人」が「見る」という動作の主体になっているので主格。

➡ g 「鶯の凍れる涙」は「鶯が凍った涙」とは訳せない。「鶯の」は下の「涙」を修飾する言葉なので連体修飾格。

➡ h 「大伴黒主が」は「大伴黒主のもの（＝歌）」の意なので準体格。

2 **次の傍線部を、助詞に注意して現代語訳せよ。**

① 命婦、かしこにまかで着きて、（車を）門ひき入るるより、けはひあはれなり。

命婦は、あちらに到着して、（牛車を）門の中に引き入れるとすぐに、その家の気配はしみじみと胸にしみる様子である。

② 女御も御輦車にて、女房、かちより歩みつれて仕うまつる。

女御も御輦車で（移動なさり）、女房たちは、徒歩で付き従いお仕えする。

③ この国の博士どもの書けるものも、古のは、あはれなること多かり。

この国の博士などが書いたものも、昔のものは、しみじみと感動するものが多い。

①	**門の中に引き入れるとすぐに、**
②	**徒歩で**
③	**この国の博士などが書いたものも、昔のものは、**

2 **格助詞「より」「の」の用法に注意すること。**

⬇ ① 門を入ったとたんその家の庭の気配を「あはれ」に感じたのである。「動詞＋より」のときの「より」は即時の用法が多い。

⬇ ② 「かちより」の「かち」は「徒歩（かち）」と書き、「徒歩」という手段・方法を表している。

⬇ ③ 「この」「国の」の「の」は連体修飾格、「博士どもの」の「の」は主格、「古のは」の「の」は準体格である。

20 助詞（二）接続助詞

練習ドリルの解答

1 次の□の中の語を、適当に活用させて答えよ。

① 血の涙を流して［惑ふ］ど、かひなし。

血のような涙を流して思い悩むけれど、何の甲斐もない。

② いたく思ひ［わぶ］てなむ侍る。

たいへん思い悩んでおります。

③ 大きなる榎の木のあり［けり］ば、人、「榎木の僧正」とぞ言ひける。

大きな榎の木があったので、世間の人は、「榎の木の僧正」と言った。

④ 思ひつつ寝ればや人の見えつらむ夢と知り［き］ば覚めざらましを

思いながら寝たのであの人が夢に現れたのだろうか。もし夢と知っていたならば目覚めなかっただろうに。

①	②	③	④
惑へ	わび	けれ	せ

2 次の□に、「て」または「で」のいずれかを入れよ。

① 「父母にもあひ見ず、かなしき妻子の顔をも見□死ぬべきこと」と嘆く。

「父母に会うこともなく、いとしい妻子の顔も見ないで死ぬに違いないこと」と嘆く。

② この乾の方に火なむ見ゆるを、出で□見よ。

北西の方角に火が見えるので、出て見よ。

①	②
で	て

練習ドリルの解説

1 下にある接続助詞がどの活用形に接続するものかを考えて入れる。

→① 「ど」の上は已然形。「惑ふ」はハ行四段動詞。

→② 「て」の上は連用形。「わぶ」はバ行上二段動詞。

→③ 「ば」の上は未然形か已然形になるが、過去の助動詞「けり」の未然形はほとんど使われることがない。また未然形＋「ば」として仮定条件にすると、後半と文意が続かない。

→④ 文末にある助動詞「まし」に注目すると、ここの「ば」は「せば～まし」という反実仮想の構文を作っているとわかる。

2 「て」「で」は接続と、前後の意味のつながりに注意する。「見」は上一段動詞、「出で」は下二段動詞なので、どちらも未然形と連用形の形が同じ。よって前後の関係で入れるものを決める。

→① 「父母にもあひ見ず、～妻子の顔をも見□」を、助詞「も」に着目して読むと□には上と同じように打消の語が入ると分かる。「見」は未然形である。

→② 遠くで火事が起きているので、家の外に出て様子を見ろというのである。あとの「見よ」につなげるためには、単純接続の「て」が入る。「出で」は連用形である。

3 次の傍線部「とも」の文法的説明として正しいものを選べ。

① 用ありて行きたりともそのこと果てなばとく帰るべし。
たとえ用があって行ったとしてもそのことが済んだならばすぐ帰る方がよい。

② 人にも語らず、習はむとも思ひかけず。
人にも話さず、習おうとも思わない。

イ 接続助詞　ロ 格助詞＋係助詞

①	イ
②	ロ

3 接続助詞「とも」は逆接仮定条件を表し、「たとえ〜としても」と訳す。格助詞＋係助詞の「とも」は係助詞「も」を取り払っても文意が通じる。

⬇ ①は「も」を取り払うと、文意が通らない。

⬇ ②は「も」を取り払っても「習おうと思わない」の意になり、文意が通じる。

4 次の傍線部「ば」の説明として適当なものを、それぞれ後から選べ。

① （庭の様子が）みな荒れにたれば、「あはれ」とぞ人々言ふ。
（庭の様子が）すっかり荒れてしまっているので、「ああ（ひどい）」と人々が言う。

② 山里の春の夕暮れ来てみれば入相の鐘に花ぞ散りける
春の夕暮れに山里に来てみると、日没の鐘が鳴り桜が散ることよ。

③ 浄土に生まれむと思はば、菩提心を発すべし。
極楽に成仏しようと思うならば、信心を持ちなさい。

イ 順接仮定条件（もし〜ならば）
ロ 順接確定条件（〜ので）
ハ 順接確定条件（〜すると）

①	ロ
②	ハ
③	イ

4 「ば」は未然形接続の順接仮定条件と、已然形接続の順接確定条件の場合がある。

⬇ ①②はどちらも已然形に接続しているので、前後のつながりで見分ける。

⬇ ① 前半が理由となって、下の「あはれ」という感想が出てきている。

⬇ ② 前半の「春の夕暮れに山里に来てみる」という内容と、後半の「鐘が鳴り桜が散る」という事柄に「〜ので」という因果関係はない。

⬇ ③「ば」の上の「思は」は、四段動詞の未然形である。

21 助詞（三）副助詞

練習ドリル の解答

1 次の傍線部の訳し方として最も適当なものを、それぞれ後から選べ。

① 日は暮れかかりて、いともの悲しと思ふに、時雨さへうちそそく。

日は暮れかかって、たいそう悲しいと思うのに、（その上）時雨までも降り注ぐ。

② 「（あなたは）元の御形となり給ひね。（私は）それを見てだに帰りなむ」

「（あなたは）もとのお姿となってしまってください。（私は）せめてそれだけでも見て帰ってしまおう。」

③ 胸ふたがる心地して、物をだにも食はずなりにけり。

胸がつまる気持ちがして、物さえも食べなくなってしまった。

イ までも
ロ さえ
ハ せめて～だけでも

①	②	③
イ	ハ	ロ

2 次の傍線部「し」のうち、副助詞をすべて選べ。

① 京より下りし時に、みな人子どもなかりき。

京都から下った時には、全員子どもはいなかった。

② 位高くやむごとなきをしも、すぐれたる人とやは言ふべき。

位が高く尊い人を、すぐれた人とは言うことができるか、いや、そうとは限らない。

③ 常ならぬ世にしあれば、時移り事去り、

無常な世であるので、時は移り変わり事は過ぎ去り、

④ 母の膝を枕にして、起きも上がらず、

母の膝を枕にして、起き上がることもなく、

②
③

練習ドリル の解説

1 「だに」は下に希望・願望・命令・意志・仮定があったら、限定用法。

➡ ①「さへ」の訳は「さえ」ではない。「日は暮れかかり」に「時雨」を付け加える添加の働きをしている。

➡ ② 主語は「私」で、文末の「む」が意志になる。意志が下にあるので限定用法。

➡ ③ 下に「希望・願望・命令・意志・仮定」を表す表現がない。食事さえできなくなったことを挙げて、もっとひどい状態を類推させている。

➡ イは添加、ロは類推、ハは限定の訳である。

2 取り払っても文の意味が通じ、意味が変わらないのが副助詞の「し」。

➡ ①「し」を取り払うと「下り時」となり、文の形にならなくなる。この「し」は過去の助動詞「き」の連体形。

➡ ②「し」を取り払っても、「やむごとなきをも、すぐれたる人とやは言ふべき」と文の意味は変わらない。よって副助詞である。

➡ ③「し」を取り払っても、「常ならぬ世にあれば」と文の意味は変わらない。よって副助詞である。

➡ ④「枕にする」という意味なので、「し」はサ変動詞の連用形。

3 次の□に、「だに」または「さへ」のいずれかを入れよ。

① 光やあると見るに、蛍ばかりの光□なし。

光があるかと思って見ると、蛍ほどの光さえない。

② 一昨日も昨日も今日も見つれども明日□見まくほしき君かも

一昨日も昨日も今日も逢ったけれど、（その上）明日までも逢いたいあなただなあ。

③ この願を□成就せば悲しむべきところにあらず。

せめてこの願いだけでも成就するならば悲しむはずのところではない。

①	②	③
だに	さへ	だに

4 次の傍線部を、「だに」の用法に注意して現代語訳せよ。

「ものをだに聞えむ。①御声をだにしたまへ」と言ひけれど、②さらに答へをだにせず。

「せめて話だけでも申し上げたい。お声だけでもしてください（出してください）」と言ったけれど、まったく返事さえもしない。

①	せめてお声だけでもしてください（せめてお声だけでも出してください）
②	まったく返事さえしない

3 類推・限定の「だに」と添加の「さへ」の働きを考える。

↓① 蛍ほどのかすかな光を挙げて、まして照り輝く光はなおさらだという書かれていないことを類推させる働きをしている。

↓② 「一昨日も昨日も今日も」と毎日逢ったことに、さらに「明日」を添加する働きをしている。

↓③ 「せば」という「未然形＋ば」の仮定条件の形が下にあるので、「だに」の限定用法である。

4 類推・限定の「だに」の働きを考える。

↓① 「たまへ」は尊敬の補助動詞「たまふ」の命令形。（→24敬語 ポイントB 参照）命令形が下にあるので限定用法。「たまへ」は「～てください」と訳す。

↓② 下に「希望・願望・命令・意志・仮定」を表す表現がないので類推。「答へ」を挙げて、「それ以上のこと」を類推させる働きをしている。副詞「さらに」は打消と呼応して「まったく・ぜんぜん」と訳す。

22 助詞（四）係助詞

練習ドリル の解答

1 次の例文について、解答例にならって係り結びを指摘せよ。

① 父はなほ人にて、母なむ藤原なりける。
父は普通の（家柄の）人であって、母が藤原氏であった。

② 待つ宵、帰る朝、いづれかあはれはまされる。
（恋しい人を）待つ宵と、（恋しい人が）帰る朝は、どちらが寂しさは勝っているか。

③ 世はさだめなきこそいみじけれ。
この世は不定であるからこそすばらしいのだ。

④ などや苦しき目を見るらむ。
どうして苦しい目を見ているのだろうか。

①	なむ～ける	②	か～る
③	こそ～いみじけれ	④	や～らむ

2 次の傍線部a～gの係動詞を、Ⅰ・Ⅱの条件に合わせて分類せよ。

① 世に語り伝ふること、まことはあいなきにや（a）、多くはみなそらごとなり。
世の中に語り伝えられていることは、真実はつまらないのであろうか、多くはみんな嘘である。

② （寝殿の屋根に）鳶のゐたらんは、何かは（b）くるしかるべき。この殿の御心、さばかりにこそ（c）。
（寝殿の屋根に）鳶が留まっているようなことは、いったい何が不都合だろうか、いや、不都合ではない。（それをわざわざ防ぐとは、）この殿の度量は、その程度であるのだろう。

練習ドリル の解説

1 係り結びの問題は、入試では本当によく出題される。どんな形式にも対応できるようにしておこう。

➡ ①「なむ～ける」の形。「ける」は過去の助動詞「けり」の連体形。

➡ ②「か～る」の形。「る」は完了（存続）の助動詞「り」の連体形。「まされる」にしないように注意する。

➡ ③「いみじけれ」はシク活用の形容詞「いみじ」の已然形。「けれ」としないように注意する。

➡ ④「らむ」は現在の原因推量の助動詞「らむ」の連体形。

2 係り結びの「結びの省略」「結びの消滅」、「こそ」の用法を確認する。

➡ a「～にや、」の形は、下に「あらむ」が省略されている。「や」は疑問。

➡ b「かは～連体形」の形は反語が多い。

③ 葉の広ごりざまぞ[d]、うたてこちたけれど、異木どもとひとしう言ふべきにもあらず。

（桐の木の）葉の広がりかたは、異様で大げさだけれど、他の木々と同じように言うべきでもない。

④ 大将軍ならばこそ[e]、首を取りて鎌倉殿の見参にも入れめ。

もし大将軍であるならば、首を取って鎌倉殿の御覧に入れることもできるだろうが（実際はそうではないので、御覧に入れることはできない）。

⑤ このごろの世の人は十七八よりこそ[f]経読み、行ひもすれ、（私は）さること思ひかけられず。

このごろの世間の人は十七八才からお経を読んだり、仏道修行もするけれども、（私は）そんなことは考えることもできない。

⑥ 心幼くおはする人にて、便なきこともこそ[g]出で来れ。

心が幼稚でいらっしゃる人であって、具合の悪いことが起こると大変だ。

条件Ⅰ　イ 結びの完結　ロ 結びの省略　ハ 結びの消滅

条件Ⅱ　イ 強意用法　ロ 疑問用法　ハ 反語用法　ニ 強意逆接用法　ホ 懸念用法　ヘ 否定用法

Ⅰ	
イ	b・e・f・g
ロ	a・c
ハ	d

Ⅱ	
イ	c・d
ロ	a
ハ	b
ニ	f
ホ	g
ヘ	e

➡ c 「こそ」の後に「あらめ」が省略された形。「こそ」は強意。

➡ d 「ぞ〜こちたけれ。」となるはずが、助詞「ど」があるために結びが消滅している。「ぞ」は強意。

➡ e 「未然形＋ばこそ、〜已然形。」は否定用法。「なら」は断定の助動詞「なり」の未然形。

➡ f 「こそ〜已然形、」の形で文が後に続いていくときは、強意逆接の用法。

➡ g 「もこそ〜已然形」「もぞ〜連体形」の形は、懸念用法。

23 助詞(五) 終助詞

練習ドリルの解答

1 次の傍線部の助詞の用法を、それぞれ後から選べ。

①「惟光とく参らなむ」とおぼす。
「惟光が早く参上してほしい」とお思いになる。

② なほつれなく物な言ひそ。
相変わらずよそよそしくものを言うな。

③ 心あらん友もがな。
風流心のあるような友があればなあ。

④ ほととぎすの声たづねに行かばや。
ほととぎすの鳴き声を探しに行きたい。

⑤ この殿は、不運にはおはするぞかし。
この殿は、不運でいらっしゃるよ。

イ 禁止(~てはいけない)
ロ 自分の希望(~たい・~たいものだなあ)
ハ 念押し(~よ)
ニ 願望(~てほしい・~があればなあ)

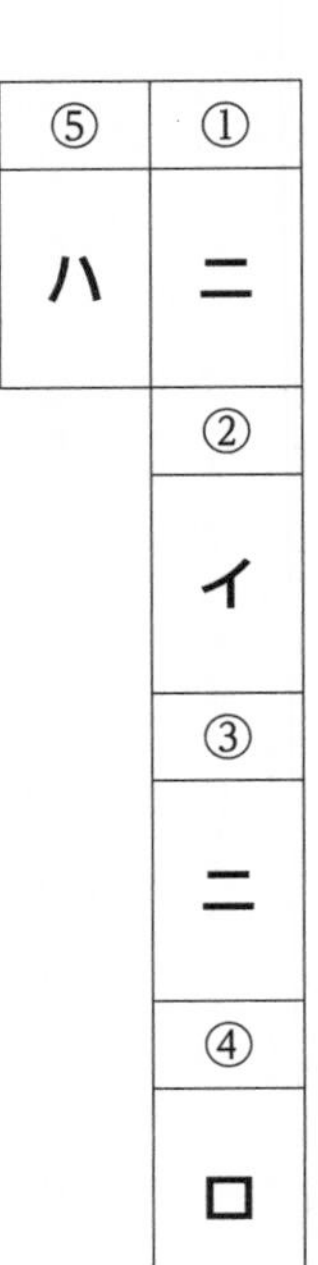

①	②	③	④	⑤
ニ	イ	ニ	ロ	ハ

練習ドリルの解説

1 終助詞の接続と意味を覚える。

⬇ ① 未然形接続の「なむ」は、他への願望を表す終助詞。

⬇ ②「な~そ」の「そ」は禁止を表す終助詞。

⬇ ③「がな・もがな」は、実現がむずかしい事柄についての願望を表す終助詞。

⬇ ④ 未然形接続の「ばや」は、自分の希望を表す終助詞。

⬇ ⑤「かし」は、終止形・命令形・係り結びの結び・「ぞ」の後について、念を押す終助詞。

2 次の傍線部のうち、終助詞はどちらかを答えよ。

① 羽なければ空をも飛ぶべからず。龍ならばや雲にも乗らむ。
羽がないので空を飛ぶことはできない。龍ならば雲にも乗るだろうか。

② これより初瀬に参らばやと存じ候ふ。
これから長谷寺にお参りしたいと思っております。

答：②

3 次の□に合う終助詞を、それぞれ後から選べ。

①（私は）その人に会ひ奉りて、恨み申さ□。
（私は）その人にお会いして、恨み言を申し上げたい。

② いつしか梅咲か□。
早く梅が咲いてほしい。

③ いかでか、この人の御ために残しおく魂□。
どうにかして、この人の御ために残しておく魂があればなあ。

④（和歌を）詠みつべくは、はや言へ□。
（和歌を）詠むことができるのならば、早く言いなさいよ。

イ なむ　ロ もがな　ハ かし　ニ ばや

①	②	③	④
ニ	イ	ロ	ハ

2 終助詞「ばや」は未然形に接続して、希望を表す。

↓ ① 断定の助動詞「なり」の未然形「なら」に接続している。順接仮定条件を表す接続助詞「ば」に疑問の係助詞「や」がついたもの。「や～む」で係り結びが完結している。

↓ ② ラ行四段動詞「参る」の未然形に接続している。「これより初瀬に参らばや」は、引用を表す格助詞「と」が下にあることから、ひとまとまりの文だとわかり、「ばや」は文末にあることになるので終助詞である。

3 接続と意味から終助詞を考える。

↓ ① 未然形接続であり、イかニが考えられるが、ここでは自分が相手に恨み言を言うのだから、自分の希望の「ばや」が入る。

↓ ② 未然形に接続して、「梅」という自分以外のものへの願いだから、他への願望の「なむ」になる。

↓ ③ 名詞に接続できるものは選択肢の中でロの願望の終助詞「もがな」だけである。

↓ ④「言へ」は命令形。選択肢の中で命令形に接続できるのはハの「かし」だけである。

24 敬語

練習ドリル の解答

1 次の傍線部の敬語の種類を、それぞれ後から選べ。

① 親王、おほとのごもらで明かし給うてけり。
親王は、おやすみにならないで夜をお明かしになった。

② (中宮が) 御裳・唐の御衣奉りながらおはしますぞいみじき。
(中宮が) 御裳と唐衣をお召しになったままでいらっしゃるのがすばらしい。

③ ただ今の関白殿、三位の中将と聞こえけるとき、
ただ今の関白殿が、三位の中将と申し上げたとき、

④ やがてとどむる類あまた侍りき。
すぐに止めた例がたくさんありました。

⑤ 御堂入道殿より大丸といふ笛をたまはりて、吹きけり。
御堂入道殿から大丸という名前の笛をいただいて、吹いた。

⑥ 人々召し出でて、あるべきことども仰せたまふ。
人々を呼び出しなさって、しなければならないことなどをお命じになる。

イ 尊敬
ロ 謙譲
ハ 丁寧

①	②	③	④	⑤	⑥
イ	イ	ロ	ハ	ロ	イ

練習ドリル の解説

1 二つ以上の意味を持つ敬語の場合は文脈に合う意味を考える。

➡ ①「おほとのごもる」は「寝」の尊敬語。

➡ ②ここでの「奉る」は「着る」の尊敬語。ただし、「与ふ」の謙譲語で「さしあげる」の意味の場合の方が多いので注意する。

➡ ③本動詞の「聞こゆ」は「言ふ」の謙譲語である。

➡ ④ここでの「侍り」は「あり」の丁寧語。謙譲語になる場合もあるので注意。

➡ ⑤「たまはる」は「受く」の謙譲語。

➡ ⑥「仰す」は「言ふ・命ず」の尊敬語。

2 **次の傍線部の敬語の終止形の訳を、それぞれ後から選べ。**

① いかなる所にかこの木はさぶらひけむ。
どのような所にこの木はありましたのだろうか（＝あったのでしょうか）。

② 頭中将和琴たまはりて、はなやかにかきたてたるほど、
頭中将が和琴をいただいて、華やかな音色に弾きなさるとき、

③ 御直垂を押し出だしてたまはせけり。
御直垂を押し出してお与えになった（＝くださった）。

④「格子下ろしに人参れ」と仰せられけるに、
「格子を下ろしに誰か参上せよ」とお命じになったところ、

イ くださる
ロ あります
ハ いただく
ニ 参上する

①
ロ
②
ハ
③
イ
④
ニ

2 **敬語の種類と意味を確認しておく。**

➡ ① ここでの「さぶらふ」は「あり」の丁寧語。「さぶらふ・侍り」には謙譲語で「お仕えする」の意味もあるが、ここでは「この木は」とあるので丁寧語である。

➡ ②「たまはる」は「受く」の謙譲語。

➡ ③「たまはす」は「与ふ」の尊敬語。

➡ ④「参れ」は「参る」の命令形。「参る」は、「行く・来」の謙譲語。尊敬語のときは「飲む・食ふ」の意味だから、文脈に合わない。

3 次の例文の傍線部「たまふ」について後の問いに答えよ。

(1) 活用の種類を後のイ・ロから選べ。またその活用形をそれぞれ答えよ。

① 「誰が車ならむ。見知りたまへりや」
「誰の牛車であろうか。知りなさっているか」

② いみじう感ぜさせ給ひて、大袿たまひて、
たいへん感動なさって、大袿をお与えになって、

③ 「主の娘ども多かりと聞きたまへて」
「主人の娘たちが多くいると聞いておりまして」

④ 人目も今はつつみたまはず泣きたまふ。
人目も今は気にせずに泣きなさる。

⑤ 「よきに奏したまへ」
「うまく（帝に）申し上げてください。」

イ 四段活用

ロ 下二段活用

	種類	活用形
①	イ	已然形
②	イ	連用形
③	ロ	連用形
④	イ	終止形
⑤	イ	命令形

(2) ①～⑤の「たまふ」の中から本動詞を一つ選べ。

②

3 「給ふ」には四段活用（尊敬）と下二段活用（謙譲）がある。

➡① 動詞「見知り」に接続しているので補助動詞。「たまへ」の下の完了の助動詞「り」は、サ未四已（サミシイ）に接続をする。「たまへ」は四段活用の已然形である。

➡② 「たまふ」は動詞に接続せず、単独で使われているので本動詞。本動詞は四段活用で「与ふ」の尊敬の意味だけである。「たまひ」は四段活用の連用形である。

➡③ 動詞「聞き」に接続しているので補助動詞。下に連用形接続の助詞「て」があるから、この「たまへ」は下二段活用の連用形となる。

➡④ 動詞「泣き」に接続しているので補助動詞。終止形「たまふ」はほとんど四段活用で、下二段活用の終止形はきわめてまれである。

➡⑤ 動詞「奏し」に接続しているので補助動詞。文末にあり、命令形になっている。四段活用である。

「給ふ」の活用表

語幹	未然形	連用形	終止形	連体形	已然形	命令形	活用型
給	は	ひ	ふ	ふ	へ	へ	四段活用
給	へ	へ	（ふ）	ふる	ふれ	○	下二段活用

4 **次の傍線部のうち、敬語の補助動詞をすべて選べ。**

① 年ごろ思ひつること、果たしはべりぬ。
長年思っていたことを、果たしました。

② (帝のもとには)「誰々かはべる」と問ふこそ、をかしけれ。
(帝のところには)「誰と誰がお仕えしているのか」と尋ねるのは、興味深いことだ。

③ いと、はばかり多くはべれど、このよし申し給へ。
たいそう、恐れ多くございますが、このことを申し上げてください。

④ 大御酒まゐり、御遊びなどし給ふ。
お酒を召しあがり、管弦のお遊びなどをしなさる。

⑤ 臥せさせたまへば、添ひ臥しまゐらせぬ。
横におなりになるので、添い臥し申し上げた。

⑥ 古代の御絵どもの侍る、まゐらせむ。
古い時代の御絵などがございますのを、さしあげよう。

① ③ ⑤

4 **まず補助動詞用法を持つ語かどうかを確認する。**

＊動作や存在を表さず、敬意のみか、敬意を含む判断を表しているのが補助動詞である。

⬇ ①「果たし」というサ行四段動詞に接続し、敬意のみを表しているので丁寧の補助動詞。

⬇ ②動詞として単独で使われ、存在を表しているので本動詞。本動詞の「侍り」には謙譲語と丁寧語があるが、ここは「帝のもとには」とあるので丁寧語ではなく、「あり・居(を)り」の謙譲語である。

⬇ ③「多く」という形容詞に接続し、敬意を含む判断を表しているので丁寧の補助動詞。

⬇ ④「まゐる」には補助動詞の用法はない。「行く・来」の謙譲語の場合が多いが、ここは「大御酒」とあるので、「食ふ・飲む」の尊敬語である。

⬇ ⑤「添ひ臥し」というサ行四段動詞に接続し、敬意のみを表しているので謙譲の補助動詞。

⬇ ⑥動詞として単独で使われているので本動詞。「与ふ」の謙譲語。

25 敬語法

練習ドリル の解答

1 **次の傍線部の敬語について、Ⅰ敬語の種類を選び、Ⅱ誰から誰への敬意を表しているか、それぞれ記号で答えよ。**

中納言（宮中に）①参りて座に居るや遅きと、大臣、「この花の庭に散りたるさまはいかが見②給ふ」とありければ、中納言、「げにおもしろう③候ふ」と申し給ふに、

中納言が（宮中に）参上して座に座るやいなや、大臣が、「この花が庭に散っている様子をどのように御覧になるか」と（言葉が）あったので、中納言は、「本当にすばらしゅうございます」と申し上げなさると、

Ⅰ　イ 尊敬　ロ 謙譲　ハ 丁寧

Ⅱ　a 中納言　b 大臣　c 帝　d 作者

	Ⅰ	Ⅱ
①	ロ	d→c
②	イ	b→a
③	ハ	a→b

練習ドリル の解説

1 **「誰からの敬意」という問題は、地の文か会話文かを確認する。「誰への敬意」という問題はまず敬語の種類を確認し、動作の為し手や受け手を探す。**

↓①地の文なので語り手は作者。「参る」は謙譲語なので受け手に対する敬意を表す。「中納言が宮中（＝帝のいる所）に参上する」という動作なので、帝が受け手。

↓②会話文中にあり、語り手は大臣。「給ふ」は尊敬の補助動詞なので為し手に対する敬意を表す。「中納言が御覧になる」ので為し手は中納言。

↓③会話文中にあり、語り手は中納言。「おもしろう」という形容詞（ウ音便）に接続して、敬意を含む判断を表しているので、「候ふ」は丁寧の補助動詞。丁寧語は聞き手に対する敬意になる。中納言が大臣に話している場面なので聞き手は大臣。

2 次の傍線部の敬語は誰から誰への敬意を表しているか、それぞれ記号で答えよ。

近く使はるる人々、竹取の翁に告げていはく、「かぐや姫、例も月をあはれがり①たまへども、この頃となりては、ただごとにも②はべらざめり。いみじく③思し嘆くこともあるべし。よくよく見④たてまつらせ⑤たまへ」

（近くで使われる人々が、竹取の翁に報告して言うことには、「かぐや姫が、いつも月をしみじみ見ていらっしゃるけれども、この頃となっては、ふつうの様子でもないようです。たいそう思い嘆きなさることもあるにちがいない。よくよく見申し上げなさいませ」）

イ 近く使はるる人々　ロ 竹取の翁
ハ かぐや姫　ニ 作者

①	②	③	④	⑤
イ→ハ	イ→ロ	イ→ハ	イ→ハ	イ→ロ

2 二方面への敬意では為し手や受け手の関係をしっかりつかむ。

➡傍線部はすべて「近く使はるる人々」の会話中になるので、「近く使はるる人々」からの敬意になる。

➡①は、動詞「あはれがり」に接続しているので補助動詞。すぐ下には已然形接続の助詞「ども」があるので「たまへ」は已然形。よって四段活用の**尊敬の補助動詞**である。「あはれがりたまへ」の**為し手**は「かぐや姫」なので、「かぐや姫」への敬意となる。

➡②を含めた部分の品詞分解は「ただごと」（名詞）＋「に」（断定の助動詞「なり」の連用形）＋「も」（係助詞）＋「はべら」（ラ変動詞「はべり」の未然形）となっているので、②は補助動詞。（↓30「に」の識別 ポイントA 参照）**「はべり」は補助動詞の時はかならず丁寧語**だから、敬意は会話の相手で「竹取の翁」となる。

➡③は、**尊敬語**「思し嘆く」の連体形。**為し手**は「かぐや姫」なので、「かぐや姫」への敬意となる。

➡④は、動詞「見」に接続しているので**謙譲の補助動詞**。敬意は「見」という動作の**受け手**なので「かぐや姫」となる。

➡⑤は、助動詞「せ」に接続しているので補助動詞。文末の「たまへ」は四段活用の命令形なので、**尊敬の補助動詞**である。**為し手**は「竹取の翁」なので、「竹取の翁」への敬意となる。
＊助動詞「せ」は尊敬の意で、「たまへ」が続いて二重敬語になっている。

26 「ぬ（ね）」の識別

練習ドリル の解答

1 次の［例］の二重傍線部「ぬ」と文法的に同じものを選べ。

［例］案内せさせて入り給ひぬ。　取り次ぎをさせてお入りになった。

① 「若君の持ておはしつらむ（貝）は、など見えぬ」
「若君が持っていらっしゃったとかいう貝は、どうして見えないのか」

② 「犬を蔵人二人して打ちたまふ。死ぬべし」
「犬を蔵人が二人でお打ちになる。死ぬだろう」

③ 送りに来つる人々、これより皆帰りぬ。
見送りに来た人々は、ここからみんな帰ってしまった。

④ 院などにもえ参り侍らぬなり。
院などへも参上できないのです。

③

2 次の［例］の二重傍線部「ね」と文法的に同じものを選べ。

［例］「はやう寝給ひね」　はやくおやすみになってください。

① 「水におぼれて死なば死ね」
「水におぼれて死ぬなら死んでしまえ」

② 「法華経と申すらむ物こそ、いまだ名をだにも聞き候はね」
「法華経と申し上げるような物は、まだ名前さえも聞いていません」

③ 立ち帰り、うちやすみたまへど、ねられず。
帰って、おやすみになるが、寝ることができない。

練習ドリル の解説

1 「ぬ」を識別するためには、直上にある語、直下につく語に十分注意することが大切。

↓［例］直上にある「給ひ」が連用形だから、完了の助動詞。

↓① 「見え」はヤ行下二段動詞の未然形か連用形かわからないが、上に疑問の副詞「など」があるから、「ぬ」は連体形。連体形が「ぬ」になるのは打消の助動詞。

↓② 「ぬ」を助動詞と考えると、「死」という名詞につくのはおかしい。「死ぬ」で一語。ナ変動詞。

↓③ 直上にある「帰り」が連用形だから、「ぬ」は完了の助動詞。これが答え。

↓④ 直上にある「侍ら」はラ変動詞「侍り」の未然形。未然形接続の「ぬ」は打消の助動詞。

2 「ね」の識別法も、基本的に「ぬ」と同じである。直上にある語と直下につく語に注意する。

↓［例］直上にある「給ひ」が連用形だから、完了の助動詞「ぬ」の命令形。

↓① 「ね」が助動詞ならば、直上は連用形になる。「死」という名詞がくるはずがない。「死ね」でナ変動詞の命令形。

④「とくとくおのおの漕ぎ戻りね」
「早く早くそれぞれ漕いで戻りなさい」

④

3 次の傍線部を、解答例にならって文法的に説明せよ。

① 「我はこの皇子に負けぬべし」と胸つぶれて思ひけり。
「私はこの皇子にきっと負けるだろう」と胸がつぶれて（悲しく）思った。

② わが待たぬ年は来ぬれど冬草のかれにし人はおとづれもせず
私が待っていない（新しい）年は来たけれども、冬草が枯れるようによそよそしくなった人は便りをくれもしない。

③ 「早う立ちね、立ちね」とのたまへば、男這ふ這ふ立ちて去りぬ。
「早く立ち去ってしまえ、立ち去ってしまえ」とおっしゃるので、男はやっとのことで立ち去った。

④ 八重葎しげれる宿のさびしきに人こそ見えね秋は来にけり
八重葎が茂っている私の家がさびしいので、（訪ねて来る）人も見えないが、秋だけはやってきたことだなあ。

①	完了（強意）の助動詞「ぬ」の終止形
②	打消の助動詞「ず」の連体形
③	完了の助動詞「ぬ」の命令形
④	打消の助動詞「ず」の已然形

➡② 文末にあるが、上に「こそ」があるので已然形。「ね」が已然形になるのは打消の助動詞「ず」。

➡③ 読点「、」の後に、助動詞がつくはずがないので、「ね」は助動詞ではない。後ろに未然形接続の助動詞「られ」があるからナ行下二段動詞「寝（ぬ）」の未然形。

➡④ 「戻り」は、ラ行四段動詞「戻る」の連用形。「ね」の直上が連用形だから、完了の助動詞「ぬ」の命令形。これが答えである。

3 **「文法的に説明せよ」という形式の問題に対する答え方に慣れておく。**

➡① 「べし」は終止形接続の助動詞。終止形が「ぬ」になるのは完了の助動詞。
「ぬべし」の形は、強意になることが多い。訳で確認できたら「強意」としてもよい。

➡② 直上にある「待た」が未然形だから、打消の助動詞「ず」。

➡③ 直上にある「立ち」が連用形だから、完了の助動詞「ぬ」。

➡④ 直上の「見え」は未然形か連用形か識別不可能。上の「こそ」に注目すると、結びとなるはずの「けり」が終止形でおかしい。この例文が和歌であることに注目すれば、途中に文末（句切れ）がある可能性を考える。「こそ〜ね」で係り結び。「ね」は已然形だから打消の助動詞。

27 「る・れ」の識別

練習ドリルの解答

1 次の傍線部の文法的説明として正しいものを、それぞれ後から選べ。

① 夜も明けければ、大将いとま申して、福原へこそ帰られけれ。
夜も明けたので、大将は別れの挨拶を申し上げて、福原へ帰りなさった。

② もの暗うなりて、文字も書かれずなりにたり。
薄暗くなって、文字も書くことができなくなってしまった。

③ 思ふ人の、人にほめらるるは、いみじううれしき。
愛している人が、他人にほめられることは、この上なくうれしい。

④ 秋来ぬと目にはさやかに見えねども風の音にぞ驚かれぬる
秋が来たと目にははっきりとは見えないけれども、風の音に自然とはっと気づくものだ。

⑤ まろあれば、さやうのものにはおどされじ。
私がいるので、そのようなものにはおどされないだろう。

⑥ 袖ひちてむすびし水のこほれるを春立つ今日の風やとくらむ
(夏の暑い日に)袖を濡らして手にすくった水が、(冬の寒さで)凍っているのを、立春の今日の(暖かい)風が今ごろ溶かしているだろうか。

イ 完了・存続の助動詞　ロ 自発の助動詞
ハ 可能の助動詞　ニ 受身の助動詞
ホ 尊敬の助動詞　ヘ 活用語の一部

①	②	③	④	⑤	⑥
ホ	ハ	ヘ	ロ	ニ	イ

練習ドリルの解説

1 「る・れ」の直上の字の音がア段音か、エ段音か、ウ段音かを確認する。

➡ ①「れ」の直上が「ら」でア段音なので自発・可能・受身・尊敬の助動詞。「帰られけれ」の主語は「大将」という貴人だから尊敬。

➡ ②「れ」の直上が「か」でア段音なので自発・可能・受身・尊敬の助動詞。下に打消の助動詞「ず」があるので可能。

➡ ③「る」の直上が「る」でウ段音なので活用語の一部。「ほめ」が下二段動詞の未然形。「らるる」が受身の助動詞「らる」の連体形。

➡ ④「れ」の直上が「か」でア段音なので自発・可能・受身・尊敬の助動詞。心情語「驚く」についているので自発。

➡ ⑤「れ」の直上が「さ」でア段音なので自発・可能・受身・尊敬の助動詞。「さやうのものに」と受身の対象があるので受身。下に、打消推量の「じ」があるが、すぐに「可能」と決定しないよう注意する。

➡ ⑥「る」の直上が「れ」でエ段音なので完了・存続の助動詞「り」の連体形。

2 次の例文の二重傍線部と文法的意味が同じものを、それぞれ後から選べ。

① 昔より賢き人の富めるはまれなり。
昔から賢い人で豊かな人はまれである。

② 世は憂きものなりけりと思し知らる。
この世はつらいものであるなあと自然と思い知りなさる。

イ 硯に髪の入りてすられたる。
硯に髪の毛が入ってすられている時。

ロ かの大納言、いづれの船にか乗らるべき。
あの大納言は、どの船にお乗りになるのだろうか。

ハ 悲しくて、人知れずうち泣かれぬ。
悲しくて、人に知られないでつい泣いてしまった。

ニ 道知れる人もなくて、惑ひ行きけり。
道を知っている人もいなくて、迷いながら行った。

ホ 家のつくりやうは、夏をむねとすべし。冬はいかなる所にも住まる。
家の作り方は、夏を中心に考えるのがよい。冬はどのようなところにも住むことができる。

①	②
ニ	ハ

2 完了・存続の助動詞か自発・可能・受身・尊敬の助動詞かの区別をまず考える。

↓ ①「る」の直上が「め」でエ段音なので完了・存続の助動詞「り」の連体形。

↓ ②「る」の直上が「ら」でア段音なので自発・可能・受身・尊敬の助動詞。「思し知る」は心情を表す語である。心情語についているので自発。

↓ イ「れ」の直上が「ら」でア段音なので自発・可能・受身・尊敬の助動詞。「髪がすられている」の意なので受身。

↓ ロ「る」の直上が「ら」でア段音なので自発・可能・受身・尊敬の助動詞。「乗らるべき」の主語は「大納言」という貴人だから尊敬。

↓ ハ「れ」の直上が「か」でア段音なので自発・可能・受身・尊敬の助動詞。「泣く」は心情語なので自発。

↓ ニ「る」の直上が「れ」でエ段音なので完了・存続の助動詞「り」の連体形。

↓ ホ「る」の直上が「ま」でア段音なので自発・可能・受身・尊敬の助動詞。「住まる」は「住むことができる」と訳すのが文脈的に良いので可能。打消を下に伴っていなくても可能となることもあるので、文脈に一番適するものを考えること。

28 「なり」の識別

練習ドリルの解答

1 次の傍線部の助動詞「なり」を、伝聞推定と断定とに分類せよ。

① さては、扇のにはあらで、くらげのなり。
それでは、扇の（骨）ではなくて、くらげの（骨）であるようだ。

② 吹く風の色の千種に見えつるは秋の木の葉の散ればなりけり
吹く風の色がさまざまに見えたのは、秋の木の葉が散るからであったんだなあ。

③ 人々あまた声して来なり。
人々がたくさん声を出して（＝話しながら）来るようだ。

④ また聞けば、侍従の大納言の御女亡くなりたまひぬなり。
また聞くところによると、侍従の大納言の娘様がお亡くなりになったそうだ。

⑤ 良正は運なくして、つひに負くるなり。
良正は運がなくて、とうとう負けたのである。

⑥ この吹く風はよき方の風なり。
この（方角に）吹く風はよい方角の風である。

⑦ 笛をいとをかしく吹き澄まして過ぎぬなり。
笛を非常に素敵に美しく吹いて過ぎて行ったようだ。

伝聞推定	①　③　④　⑦
断定	②　⑤　⑥

練習ドリルの解説

1 接続（品詞と活用形）を確認すること。

➡①「ななり」の「な」は、断定の助動詞「なり」の連体形「なる」の撥（はつ）音便「なん」の撥音便無表記形である。**「ななり」の「なり」は伝聞推定**と覚える。

➡②**助詞「ば」に接続**しているので断定。

➡③カ変動詞は終止形が「来（く）」、連体形が「来る（くる）」なので終止形とわかる。**終止形に接続**する「なり」は伝聞推定。

➡④「ぬ」は「たまふ」の**連用形に接続**しているので完了の助動詞「ぬ」の終止形。**終止形に接続**する「なり」は伝聞推定。

➡⑤「負くる」はカ行下二段活用動詞なので、終止形は「負く」、連体形は「負くる」である。**連体形に接続**する「なり」は断定。

➡⑥「風」は名詞（体言）である。**体言に接続**する「なり」は断定。

➡⑦「ぬ」が打消の助動詞「ず」の連体形か、完了の助動詞「ぬ」の終止形かは判断できない（「過ぎ」は上二段動詞なので未然形と連用形が同形）。接続で判断できないときは意味を考えてみよう。**前後に「音」に関する記述があればまず伝聞推定**である。ここでは「笛」の音を聞いて「過ぎて行く」と推定している。「なり」は伝聞推定で、上の「ぬ」は完了の助動詞の終止形である。

2 次の傍線部の文法的説明として正しいものを、それぞれ後から選べ。

①「今は心にまかせて、野山にも入り、法師にも**なりなむ**」

「今は心のままに、野山にも入り、法師にもなってしまおう」

②天の原ふりさけ見れば春日**なる**三笠の山にいでし月かも

大空をはるかにふり仰いでみると、奈良の春日にある三笠の山に出たあの月（と同じ）であるなあ。

③親に物思はする。重き罪にてもあん**なり**。

親に物思いをさせる。重い罪でもあるそうだ。

④あはれ**なり**つること、忍びやかに奏す。

しみじみと胸にしみたことを、ひそやかに帝に申し上げる。

⑤よろづにその道を知れるものはやんごとなきもの**なり**。

何かにつけてその道を知っている者は格別な者である。

⑥妻戸をやはら、かい放つ音す**なり**。

妻戸をそっと、開ける音がするようだ。

イ 断定の助動詞　ロ 存在の助動詞
ハ 伝聞の助動詞　ニ 推定の助動詞
ホ 動詞　ヘ 形容動詞の活用語尾

①	②	③	④	⑤	⑥
ホ	ロ	ハ	ヘ	イ	ニ

2 接続を考えながら、助動詞だけでなく、動詞・形容動詞にも注意しよう。助動詞の場合は意味用法もこまかく吟味しなければならない時もある。

↓①直上に係助詞「も」が割り込んでいるが、その上の助詞「に」につくので「なり」は四段動詞「なる」の連用形である。また、訳からも「法師になる」という状態が変化する意味を持つ。

↓②直上の「春日」は地名（体言）なので断定の助動詞であるが、「場所＋なる＋体言」のときは存在の用法である。（→16助動詞（十）「なり」「なり」参照）

↓③直上の「あん」はラ変動詞「あり」の連体形「ある」の撥音便。上が撥音便になっているときの「なり」は伝聞推定。この場合は「音や声」に関する記述がないので人から聞いたりした伝聞の用法。

↓④「あはれなり」で一語の形容動詞。意味も大切な重要古語である。

↓⑤直上の「もの」が名詞（体言）なので断定の助動詞。「もの」は場所を表す名詞ではないので存在でなく断定と決定できる。

↓⑥直上の「す」はサ変動詞の終止形。よって「なり」は伝聞推定と判断できる。この場合は妻戸を開ける「音」を聞いているので推定の用法である。

29 「なむ」の識別

練習ドリル の解答

1 **次の傍線部「なむ」の文法的説明として正しいものを、それぞれ後から選べ。**

① 小倉山峯のもみぢ葉心あらばいまひとたびの御幸待たなむ
小倉山の峰の紅葉よ。もし（お前に）心があるならば、もう一度天皇のお出かけがあるまで（散らずに）待っていて欲しい。

② おのが思ひはこの雪のごとくなむ積もれる。
私の（あなたへの）思いはこの雪のように積もっている。

③ 願はくは花のもとにて春死なむその如月の望月のころ
（私が）望み願うことには、桜の花の咲いている下で春に死にたい。その二月の満月の頃に。

④ かばかりになりては、飛び下るとも下りなむ。
これぐらいの（高さ）では、飛び下りたとしてもきっと下りる（ことができる）だろう。

⑤ かの住み給ふなる所はいみじう荒れて、心細げになむ侍るなる。
あの住んでいらっしゃるという所はたいへん荒れて、心細そうなようです。

⑥ 橋を八つわたせるによりてなむ、八橋といひける。
（ここは）橋を八つ渡していることによって、八橋と言った。

イ 完了の助動詞と推量の助動詞
ロ 強意の係助詞
ハ 願望の終助詞
ニ 動詞の活用語尾と推量の助動詞

①	②	③	④	⑤	⑥
ハ	ロ	ニ	イ	ロ	ロ

練習ドリル の解説

1 **接続（品詞と活用形）に注意して判別しよう。**

➡ ①「待た」は四段動詞の未然形なので「なむ」は終助詞。

➡ ②「ごとく」は形容詞型の活用をする比況の助動詞「ごとし」の連用形。形容詞の連用形と同じく、「〜く」の下につく「なむ」は助動詞ではなく、係助詞。文末が完了の助動詞「り」の連体形「る」となっていることからも判断できる。

➡ ③「死な」までがナ変動詞「死ぬ」の未然形、「む」は推量の助動詞。主語が「私」となるので意志の意味である。

➡ ④「下り」は上二段動詞なので、未然形か連用形かわからないが、上に「飛び下るとも（＝飛び下りたとしても）」があるので、文脈から「下りてほしい」「なむ＝終助詞」では意味が通らない。したがって「きっと下りる（ことができる）だろう」「なむ＝完了または強意の「ぬ」の未然形＋推量の「む」」と考える。

➡ ⑤「心細げに」は形容動詞の連用形である。同じ連用形でも「〜なり」でなく「〜に」の下につく「なむ」は助動詞ではなく、係助詞。

➡ ⑥「て」が助詞であることに気づくこと。助詞（非活用語）に接続する「なむ」は係助詞。文末が連体形（「ける」は過去の助動詞「けり」の連体形）になっていることからも判断できる。

2 **次の傍線部「なむ」を、解答例にならって文法的に説明せよ。**

① 氷解けなむ時に（魚を）取れかし。
氷が解けてしまったような時に魚を取れよ。

② もと光る竹なむ一筋ありける。
根元が光る竹が一本あった。

③ 今年より春知りそむる桜花散るといふことはならはざらなむ
今年から春を知りはじめた（＝初めて春を知って花をつけた）桜よ。（咲くことだけを覚えて）散ることは覚えないでほしい。

①	**完了（強意）の助動詞と推量（婉曲仮定）の助動詞**
②	**強意の係助詞**
③	**願望の終助詞**

2 **記述式で文法的に説明することにも慣れよう。**

➡①「解け」は下二段動詞なので、未然形か連用形かわからないが、文末ではなく直下に「時」という体言があるので、終助詞ではない。よって、直上が**連用形**で、完了の助動詞＋推量の助動詞。

➡②「竹」は**名詞（体言）**、文末「ける」も連体形で係り結びが成立している。よって係助詞。

➡③「ざら」は打消の助動詞「ず」の**未然形**である。未然形接続の「なむ」は願望の終助詞。

30 「に」の識別

練習ドリルの解答

1 次の傍線部「に」を、格助詞と断定の助動詞とに分類せよ。

① おのが身は、この国の人にもあらず。月の都の人なり。
私自身は、この国の人でもない。月の都の人である。

② いかなる所にかこの木はさぶらひけむ。
どのような所にこの木はあったのでしょうか。

③ かくて都にあるならば、また憂き目をも見むずらむ。
このようにして都にいるならば、またつらい目にも遭うだろう。

④ 殿上の男ども、花見むとて、東山におはしたりけるに、
殿上人の男性たちが、桜の花を見ようと思って、東山にいらっしゃったときに、

⑤ このおとどは、長良の中納言の三郎におはす。
この大臣は、長良の中納言の三男でいらっしゃる。

格助詞	断定の助動詞
②③④	①⑤

2 次の傍線部「に」の中で、他の品詞と異なるものを一つ選べ。

① なほ、守の館にて、あるじし、ののしりて、郎等までにものかづけたり。
やはり、守の屋敷で、接待し、大声で騒いで、郎等たちまでにも褒美を与えた。

② 忠盛三十六にて、始めて昇殿す。
忠盛は三十六歳で、初めて昇殿する。

練習ドリルの解説

1 体言に接続するところは同じなので「に」の下にくる語に注意すること。

↓① 下に係助詞「も」をはさんで「あり」の未然形「あら」がある。「この国の人にもあらず」は「この国の人でもない」と訳すのが文脈的に良いので、「に」は断定の助動詞。

↓② 「どのような所でこの木はあったのでしょうか」とは訳せない。「どのような所にこの木はあったのでしょうか」と訳すのが文脈的に良い。よって、「に」は場所を表す格助詞である。**「に」の下に「あり」や「おはす」などがあっても格助詞になる場合もあるので注意すること。**

↓③ 直下に「ある」はあるが「都である」とは訳せない。「都にある（いる）」と訳すのが文脈的に正しいので、「に」は場所を表す格助詞。

↓④ ③と同じで、直下に「おはし」があるが「でいらっしゃった」とは訳せない。この「おはす」は「行く」の尊敬語であり、「東山にいらっしゃった」と訳すのが文脈的に正しいので、「に」は場所を表す格助詞。

↓⑤ ④と違い「三男にいらっしゃる」ではおかしい。「三男でいらっしゃる」となるので、「に」は断定の助動詞。

※以上のように、形で判別できないときは、格助詞の訳「に」と、断定の助動詞の訳「で」と、どちらがより文脈に適切なのかで判断すること。

2 「にて」は、場所・時間・資格・手段・理由を表す格助詞と、断定の助動詞「なり」の連用形＋接続助詞「て」とがある。

③ この殿は御馬にて、帥殿は車にて参りたまふに、
この殿はお馬で、帥殿は車で参上なさる（時）に、

④ 古き人にてかやうのこと知れる人になむ侍りける。
古い人であってこのようなことを知っている人でありました。

3 次の傍線部「に」の文法的説明として正しいものを、それぞれ後から選べ。

① 汝達らが賢き思ひに、我、よに劣らじ。
お前たちの賢い考えに、私は、決して劣らないだろう。

② み吉野は山もかすみて白雪のふりにし里に春は来にけり
吉野は山も（春霞（はるがすみ）に）霞んで、白雪の降り積もっていたこの里に春は来たことだなあ。

③ 月見れば千々にものこそかなしけれわが身一つの秋にはあらねど
月を見ると、さまざまに心乱れて悲しいことだ。私一人に訪れた秋ではないけれど。

④ 井にあやまちて落ち入りて死にけり。
井戸に誤って落ちて死んだ。

⑤ 大将の君は、二条院にだに、あからさまにも渡り給はず。
大将の君は、二条院にさえも、ほんの少しもお行きにならない。

⑥ 世に語り伝ふること、まことはあいなきにや、多くはみな虚言なり。
世の中に語り伝えることは、本当のことはつまらないのであろうか、多くはすべて嘘（うそ）である。

↓① 「守の館」という場所で「あるじ」したり、「ののし」ったのだから、「にて」は場所を表す格助詞。よって「に」は格助詞の一部。

↓② 「三十六」は年齢と考えられるから、「にて」は時間を表す格助詞。よって「に」は格助詞の一部。

↓③ 「御馬」を使って「参」ったのだから、「にて」は手段を表す格助詞。よって「に」は格助詞の一部。

↓④ 「古い人であって」と訳せるので、「にて」は断定の助動詞「なり」の連用形「に」に接続助詞「て」がついたものである。よって「に」は助動詞で、これが正解である。

3 いろいろな「に」を識別するには接続、意味などを複合的に考えて判断すること。

↓① 「よに」は打消の語を伴って「決して」という意味を持つ副詞である。

↓② 直上の「ふり」が四段動詞「降る」の連用形で、下の「し」は過去の助動詞「き」の連体形であるので、「に」は完了の助動詞「ぬ」の連用形。

↓③ 直上の「秋」は体言、下に助詞「は」、ラ変動詞「あり」の未然形「あら」がある。「秋にはあらねど」は「秋ではないけれど」と訳すのが文脈に合うので、「に」は断定の助動詞。

↓④ 「死に」が一語でナ変動詞「死ぬ」の連用形。

↓⑤ 「あからさまに」は「ついちょっと・ほんの少し」という意味の形容動詞「あからさまなり」の連用形。

↓⑥ 「あいなき」は形容詞「あいなし」の連体形、直下に係助詞「や」があって、その下に「あらむ」が省略されている。「であろうか」と訳すのが良いので、「に」は断定の助動詞。

⑦ 朝ごと夕ごとに見る竹の中におはするにて知りぬ。
毎朝毎夕に見る竹の中にいらっしゃるのでわかった。

⑧ 声はをさなげにて、文読みたる、いとうつくし。
声は幼い様子で、漢文を読んでいるのは、とてもかわいらしい。

⑨ 久しう見給はざりつるに、山の紅葉も珍しうおぼゆ。
長いことご覧にならなかったので、山の紅葉も珍しく思われる。

⑩ 姫君はさらに物ものたまはず。
姫君は全くものもおっしゃらない。

イ 完了の助動詞「ぬ」の連用形
ロ 断定の助動詞「なり」の連用形
ハ 形容動詞の連用形の活用語尾
ニ 格助詞
ホ 接続助詞
ヘ 副詞の一部
ト 動詞の一部

①	②	③	④	⑤	⑥	⑦	⑧	⑨	⑩
ヘ	イ	ロ	ト	ハ	ロ	ニ	ハ	ホ	ヘ

⑦ 直上の「中」は体言で、下に「おはす」があるが、断定とすると「竹の中でいらっしゃる」という訳になっておかしい。ここは、「竹の中にいらっしゃる」と訳すのが良いので格助詞。形だけで決めず、必ず訳をする習慣をつけよう。

⑧ 「をさなげに」は形容動詞「をさなげなり」の連用形である。**「〜げに」の形容動詞を忘れないこと。**

⑨ 「つる」は、完了の助動詞「つ」の連体形。「に」の下に読点「、」があり、「ので」という接続助詞の訳が当てはまる。

⑩ 「さらに」は下に打消を伴って「全く〜ない」など強い否定を表す副詞である。

4 次の傍線部を現代語訳せよ。

① (鬼が一寸法師を) 口より呑み候へば、目の中より出でにけり。
(鬼が一寸法師を) 口から呑みますと、(一寸法師は) 目の中を通って出てしまった。

② 「これは龍のしわざにこそありけれ」
「これは龍のしわざであったのだなあ」

③ 十月つごもりなるに、紅葉散らで盛りなり。
十月最後の日であるのに、紅葉が散らないで盛りである。

①	②	③
出てしまった	龍のしわざであったのだなあ	十月最後の日であるのに

4 「に」の識別に注意して訳すこと。

➡① 「出で」は動詞の連用形、「に」は完了の助動詞「ぬ」の連用形、「けり」は過去の助動詞である。

➡② 「しわざ」は体言で、「に」は断定の助動詞「なり」の連用形、「けれ」は過去の助動詞「けり」の已然形で、詠嘆用法である。

➡③ 「つごもり」は「月の最後の日」や「下旬」の意で名詞。「なる」は断定の助動詞「なり」の連体形。「に」は下に読点「、」があって、接続助詞。ここでは十月という冬の季節と、秋の紅葉が散っていないという内容から「逆接」となる。古文では、十月から冬になるという陰暦の季節感にも注意すること。

24720

KP
KAWAI PUBLISHING